Lekòl Biblik Vakans

ECOLE BIBLIQUE VACANCES

EBV

L'ÉCOLE DU DIMANCE ET LA FORMATION DE DISIPLES

Autora: Patricia Picavea

Pwodwi pa Biwo Ministè Lekòl Dominikal legliz Nazareyen nan rejyon Meksik, Amerika Santral ak Panama

Traduit par: Dezama Jeudi

Tout anotasyon sa a yo soti nan Bib, Vèsyon Jerizalèm

Tab Matyè

A. Lekòl Dominikal (LD):

Se yon klas ki dwe fèt anviwon inèdtan chak dimanch oswa nan mitan semèn nan. Mete tout legliz la ladan li, moun touk kalite laj, pandan w'ap ankouraje kwasans espirityèl elèv yo, lè w'ap ede yo chèche mennen yon lavi ki sanble ak pa Jezikris la. Si gen yon elèv nan klas la ki pot ko aksepte Jezi, se lè pou w ankouraje li pou l pran desizyon sa a.

Pa bliye ke LD la se yon tan edikasyon sou lavi kretyen ak angajman ke sa pote. Se yon travay ki ma pa mache vit men k'ap pote fwi si nou pèsevere.

B. Travay evanjelizasyon avèk timoun yo:

Se yon gwoup ki rasanble chak semen nan yon kay oswa yon plas piblik nan yon geto oswa koloni kote kip a gen legliz, men nou vle koumanse youn. Sa fèt jeneralman chak Samdi, men li pa gen yon jou espesifikmaten oswa nan apremidi. Tan li dwe dire a se dezèdtan anviwon chak semèn. Nan aktivite sa a yo fòk gen timoun soti nan laj 3 a 10 lane. Se yon aktivite byen dinamik epi kreyatif ak objektif evanjelizasyon epi k'ap ankouraje fanmi yo apwoche nan kominote a.

C. Lekòl Biblik Vakans (LBV):

Se yon lekòl paske gen elèv ak pwofesè ki rasanble nan klas pou yon pou yon peryòd byen defini epi genyen yon plan etid. Li biblik paske tout etid yo tounen toutotou de yon ansèyman biblik. Li vakasyonèl paske se nan vakans yo bay li jeneralman lè timoun yo rive nan mwa kote nyo bay yo vakans nan lekòl yo.

Yo se klas k'ap dire yon semèn pou timoun yo k'ap asiste Lekòl dominikal. Li kapab devlope nan mitan timoun ki nan laj 4 a 11 lane separe yo dapre laj yo chak genyen. Ou dwe toujou pre pou ede timoun ki poko aksepte Kris yo epi mete yo chita nan chak plas selon laj yo genyen. Ou pa dwe pèdi chans pou apwoche w bò kote timoun yo nan legliz epi si sa posib kondwi yo vè Jezikis.

LBV ankouraje apwòchman ak familyarizasyon timoun yo avèk legliz la epi motive kwasans ak evanjelizasyon pou yo menm. Pwofesè yo dwe pwofite tan sa a pou rekonèt timoun yo pi byen, konpòtman yo, kapasite ak sitiyasyon pèsonèl yo. Sa dwe yon pwogram ki dirab nan legliz la.

2 Planifikasyon

A. Ekip Prensipal

Pliske LBV a genyen yon karaktè edikatif, se yon bout nan lekòl dominikal la, limenm ki ajoute enplikasyon nou yo ki konsène pèsonèl al ak ministè li.

Prensipal pwoblèm ki rive a pou panse nan LBV lal se dispozisyon pwofesè yo, paske pliske li fèt nan mitan semèn, anpil pwofesè LD pa kapab patisipe. Poutèt sa, LBV a dwe prepare depi davans, paske nan tout bagay yo pral bezwen, preparasyon pwofesè yo ap deja fèt. Se yon bon moman pou nou dekouvri nouvo talan edikatif epi ba yo fòmasyon pou travay la.

Timoun primè ak inivèsite yo kapab fonksyone trèbyen, deja nan peryòd sa a yo y'ap nan vakans.

Planifikasyon an mande tan. Yon semèn anvan yo koumanse, pwofesè ak lòt moun yo dwe rasanble pou yo mete mateyèl yo nan lòd. Nan planifikasyon yon LBV yo dwe panse sou yon ekip moun ki pou kolabore nan diferan travay yo. Pou nou kontinye, n'ap prezante yon ekip prensipal:

4

Direktè Jeneral LBV a

Deskripsyon wòl yo

o   Reprezante LBV a ak enterè li yo nan tout reyinyon Konsèy Ministè nan mitan timoun yo.

o   Prezante, bay Direktè oswa Direktris Ministè nan mitan timoun yo pou apwobasyon li pwojè a sou kouman, kilè epi ki sa aktivite sa ap koute. Sa ap gen ladan lid at la, dire tan an, orè, tèm, materyèl ak kandida ki pou sèvi nan ministè LBV yo.

o   Chèche nan mitan frè ak sè legliz yo, moun ki pou sipòte timoun yo avèk ouvriye yo nan lapriyè epi, avan, pandan ak apre LBV a.

o   Mete ouvriye kanpe epi ba yo fòmasyon mande anpil tan, paske apre moun sa a yo fin resevwa kapasitasyon yo dwe koumanse panse kijan yo pral mete travay yo nan aplikasyon.

o   Nomen moun ki pral angaje yo nan chak branch (leson yo, atiana yo, to manje lejè, jwèt ak mizik) epi travay avèk yo nan planifikasyon aktivite yo, anplis nan fè yon lis de materyèl yo pral bezwen pou yo sèvi.

o   Prezante bay Direktè oswa Direktris Ministè nan mitan timoun yo pou yo bay apwobasyon yo pou materyèl yo. Ansanm avèk trezorye a achte materyèl yo epi distribye li bay moun ki responsab yo.

o   Distribye ansanm avèk Direktè Ministè nan mitan timoun yo espas pou chak aktivite yo.

o   Kontwole pou chak responsab fè travay yo nan lè yo.

o   Prepare ansanm avèk pastè a yon sèvis piblik pou dedikasyon moun ki pral antre pou travay nan LBV lan.

o   Dirijc LBV lan nan plan li jiskaske li fini.

o   Dirije reyinyon koumansman yo ak fen aktivite a.

o   Planifye ansanm ak Direktè a oswa Direktris Ministè nan mitan timoun yo ak pastè a kilt jou dimanch lan lè LBV lan pran fen. Pwogram sa dwe gen ladan l remisyon primpou pèsonèl la avèk timoun yo (gade anèks paj. 58 ak 59), prim yo, elatriye. Chwazi kote pou ekspozisyon travay atizana yo.

o   Rasanble pèsonèl LBV lan depi yon semèn avan pou n asire ke tout bagay prè.

o   Obsève tout aktivite a pou tout bagay ka fonksyone nan lòd. Reyini avèk responsab yo chak jou apre aktivite a pou evalye travay ki fèt la epi wè detay pou jou pwochen yo.

o   Remèt yon rapò konplèt ak kat yo (wè anèks paj. 62) ke Direktè Ministè nan mitan timoun yo ranpli lè aktivite a fini, pou sa kapab òganize akonpayman timoun nèf avèk fanmi yo.

Sekretè Trezorye

Deskripsyon wòl yo

Sekretè

o Rive omwen 30 minit avan aktivite a koumanse.

o Asiste reyinyon pèsonèl LBV lan.

o Chèche lòt kolaboratè dapre nesesite legliz la: Yon manm akèy, administratè ak moun ki pou pran swen timoun pèsonèl yo (si sa nesesè), moun ki pou pran timoun yo epi mennen yo lakay yo.

o Òganize ak dirije enskripsyon.

o Chwazi yon kote epi nonmen yon moun ki pou chita sou yon tab pou enskri timoun yo nan de dimanch avan yo nan koumansman epi manm jou LBV lan.

o Note pou jou a tout sa kip ase nan estadistik LBV a (asistans, laj timoun yo, afilyasyon relijye, eskolarite, bezwen yo, elatriye.).

o Fè yon rapò jeneral chak jou epi remèt li bay Direktè LBV lan.

o Prepare sètifika asistans timoun yo avèk remèsiman pou ekip travayè LBV a (wè anèks paj. 56 ak 59). Sètifika sa a yo pral remèt nan fen LBV lan.

o Bay yon rapò final pou LBV lan.

Trezorye

o Rive omwen 30 minit avan aktivite a koumanse.

o Asiste reyinyon pèsonèl LBV lan.

o Fè yon bidjè de depans pou fè demand lan devan trezorye MLDD.

o Ansanm avèk Direktè oswa Direktris jeneral LVB lan pou achte materyèl yo pral bezwen yo epi distribye yo bay moun ki angaje yo.

o Note tout depans lajan kòm envansyon nan LBV lan.

o Resevwa ofrann chak jou yo.

o Remèt ofrann nan bay moun ki la pou sa a.

o Bay yon rapò sou finans nan fen LBV lan.

*Nan legliz Nazareyen yo, ofran yo ranmase chak ane nan Lekòl Biblik Vakans tout kote nan mond lan gen yon objektif espesyal. Kontakte avèk Prezidan Lekòl Dominikal la oswa nan biwo Distri a pou revelasyon ane sa.

Responsab pou Piblisite

Deskripsyon wòl yo

o Rive omwen 30 minit avan aktivite a koumanse.

o Asiste reyinyon pèsonèl LBV lan.

o Fè pwopagann ak ankouraje aktivite nan legliz la, kominote ak lòt kote y opa mwayen anons yo, katèl yo, panflè, radyo, jounal, lèt avèk kat.

o Prepare envitasyon yo pou koumansman ak fen an (wè anèks paj. 56 ak 57).

o Kontwole vizitasyon an ak distribisyon envitasyon yo.

Sigjesyon yo

1. Volan. Fè volan, distribye li nan chak kay, anba pòt la, ou kapab mande pèmisyon nan komès ki nan kominote a pou kite yon kantite pou kliyan yo ka pran youn (wè anèks paj.56).

2. Afich. Fè afich epi mande pèmisyon pou w kole yo nan diferan komès nan kominote a (wè paj. 68)

3. Radyo. Wè posiblite pou anonse aktivite espas pwogram timoun yo oswa lòt kalite, nan radyo local yo, nan mache yo, elatriye.

4. Envitasyon pèsonèl yo. Idantifye an patikilye kèk fanmi ki gen pitit yo ki ta dwe asiste nan LBV lan. Prepare envitasyon pèsonèl pou chak timoun sa yo epi ba yo li pèsonèlman.

5. Kalandriye legliz la. Itilize yon espas nan kalandriye legliz la depi davans pou w anonse LBV lan.

6. Gwoup oswa defile. Òganize yon gwoup oswa defile nan lari kominote a pou anonse LBV lan. Nan gwoup oubyen defile a ki gen ladan l mèt yo ak pèsonèl ki pral travay nan LVB lan, si sa posib nan yon bandwòl anonse detay LVB yo. Si ap gen kèk payas oswa atraksyon espesyal, mete yo nan gwoup oswa defile a.

7. Envitasyon familyal. Prepare depi davans envitasyon final LBV lan pou fanmi sa a yo ki gen timoun k'ap patisipe ladan li (wè anèks paj. 57). Sonje ke LBV lan se timoun k'ap dirije li, men se yon gwo opòtinite pou pote levanjil la bay tout fanmi yo.

8. Jounal. Kontakte jounalis katye a pou wè kijan w ka mete yon anons pou LBV lan. Anpil fwa jounalis yo konn genyen espas gratis pou jan de aktivite sa a yo.

7

Pwofesè Leson Biblik La

Li enpòtan anpil pou klas sa pa twò long epi senp men sa dwe bay yon leson espesyal ke timoun yo pral ranfòse nan lòt klas yo. Nan klas sa a timoun nan pral aprann yon vèsè biblik k'ap rezime sa li te aprann nan

Deskripsyon wòl yo.

o Rive omwen 30 minit avan aktivite a koumanse.

o Asiste reyinyon pèsonèl LBV lan.

o Priye epi mande Sentespri a limyè.

o Panse ak bezwen elèv ou yo.

o Rekonèt objektif leson an ak kijan ou kapab fè zanmi ak elèv ou yo.

o Konnen pasaj biblik la:

  ✔ Li l plizyè fwa. Medite nan pasaj la epi reponn: Kisa? Kouman? Konbyen? Kimoun?

  ✔ Kouman ankre pasaj sa nan lavi elèv mwen yo ? Ki chanjman ki dwe fèt nan yo?

o Fè yon plan chak jou pou leson an depi davans.

o Prepare èd edikatif yo : Tablo, franelograf, kad,objè yo, elatriye.

o Chwazi ki metòd ki pral edew prezante verite biblik la.

o Etidye plan Sali a (wè anèks paj.66).

o Prezante Sali a bay timoun yo byen senp epi chèche materyèl ki bon pou sa.

Sigjesyon pou ansèyman tèks biblik la

Li enpòtan pou timoun nan aprann vèsè biblik la ki rezime sa li te aprann epi pou l pote l nan tèt ak kè li pou ede li nan kèk sitiyasyon detèmine. Gen plizyè kalite fason ki ka fè timoun yo memorize tèks la. Kèk nan yo kapab:

1. Divize tèks la sou fòm kastèt pou timoun yo ka ranje li an gwoup.

2. Ekri tèks la nan papye epi koupe chak mo, kole li nan tablo a epi dekole mo yo bout pa bout pandan timoun yo ap repete li.

3. Vizyalize tèks la avèk desen ki reprezantab.

4. Reprezante tèks yo avèk teyat.

5. Fè timoun yo ilistre tèks la pa yo menm epi apre sa pou yo eksplike li.

6. Pèmèt timoun yo fè pyès teyat avèk tèks la.

Lè timoun yo reyalize aktivite pratik yo avèk tèks biblik la, sa pral fasilite memorizasyon li.

8

Pwofesé Atizana Yo

Deskripsyon wòl yo

- o Rive omwen 30 minit avan aktivite a koumanse.
- o Asiste reyinyon pèsonèl LBV lan.
- o Prezante yon bidjè lajan pou depans materyèl yo.
- o Chèche moun ki pou ede epi ki byen konnen sa l'ap fè a.
- o Chwazi travay atizana ki gen rapò avèk leson yo.
- o Genyen materyèl yo nan men w depi davans (Sizo, lakòl, papye, fil, elatriye.) pou chak travay.
- o Sere tout rès materyèl ki rete yo pou itilize nan lòt jou yo.
- o Eksplike elèv ou yo motif atizana a, pou yo kapab konnen objektif sa y'ap fè a epi pou yo kapab eksplike lòt yo sa.
- o Kolabore avèk Direktè a sou plan fèmti a.

Rekòmandasyon yo

1. Ojektif travay atizana a se kontribye pou ke timoun yo ka gen kè kontan, moutre yo fè yon bagay k'ap itil, devlope espri kreyatif yo epi se pou yo eksprime avèk men yo verite espirityèl yo te aprann yo.

2. Tan atizanal la dwe fèt pou dekouvri entèlijans ak talan nan tifi ak ti gason yo, menm jan li jwi travay an gwoup la.

3. Peryòd aktivite kreyatif pa mwayen travay ak men y opa dwe twò long. Anpil ansèyman ki gen valè soti nan travay ki fèt ak tan ki byen limite ke LBV lan bay. Nan planifikasyon yon aktivite li bon pou nous antre sou kantite tan k'ap disponib pou sa.

4. Travay atizanal ki piti epi chè sa pa rekòmande.

5. Si travay manyèl yo chwazi yo twò difisil epi gwoup la pa kapab fè yo, rezilta yo se pral fristrasyon. Yon timoun ki fristre se pa yon timoun ki gen kè kontan.

6. Travay manyèl la dwe yon aktivite kreyatif eksklizif de elèv la, sou fòm total. Si pwofesè a pase men nan travay la ankò, sa a ap pèdi valè li kòm mwayen otoekspozisyon elèv la.

7. Pou kèlkeswa rezon an timoun yo pa dwe jwenn vd pou fè pari ak lòt timoun nan travay manyèl la. Si gen kèk konpetisyon, li dwe sèlman gen pou wè ak pwòp travay elèv la. Di yo konsa: "Travay jodi a dwe pi bon pasc sa yè a".

8. Travay atizanal yo pa dwe fèt paske si oswa kòm yon desen pou kay la, li pito dwe genyen yon objektif pou aprann. Li dwe yon bagay lè elèv la wè li li sonje epi repete sa 'l te aprann. Egzanp: Liv san pawòl yo, aprann pale de Jezi; travay avèk fwi, fwi Sentespri a, elatriye

Responsan Ti Manje Leje A

Ti manje lejè a enpòtan paske menm si aktivite a ta fèt tan maten oswa nan apremidi timoun yo gen abitid manje yon ti bagay nan mitan manje prensipal yo (dine avèk soupe), timoun nan laj sa a yo bezwen byen manje epi aprann bon metòd sou zafè manje. Tan ti manje lejè nan LBV lan kapab kontribye trè byen avèk de nesesite sa a yo.

Ti manje lejè a dwe vini apre jwèt yo, yon ti avan yo antre nan klas yo ankò. Sa ap pèmèt timoun yo fè yon ti rete trankil epi yo pap antre tèlman eksite apre yo fin jwe.

Deskripsyon fonksyon yo

o   Rive chak jou 30 mn avan aktivite a koumanse epi asire w ke w gen tout bagay ou pral bezwen nan jou sa.

o   Asiste reyinyon pèsonèl LBV lan.

o   Konsève yon kote ki pwòp epi laj kote gwoup yo kapab antre pou pran ti manje lejè yo.

o   Prepare yon ti bagay tou senp.

o   Prepare vèso sifi (vè, sèvyèt ak aliman yo) pou chak gwoup.

o   Chèche kolaborasyon frè ak sè legliz yo pou rasanble bonbon yo, dous, sandwich oswa nenpòt lòt aliman senp. Si se pa konsa MLDD la dwe bay li.

o   Chwazi twa oswa kat moun ki pou ede dapre kantite timoun ki genyen nan asistans lan.

o   Ou dwe genyen bagay ki nesesè yo pou nou fè pwòpte nan plas la (twal pou netwaye, bale, elatriye.).

o   Mete disponib yon poubèl ki byen prezantab pou fatra epi kontwole li pou l byen fèmen. Retire sachè a chak fwa li nesesè.

Rekòmandasyon yo

1. Lapriyè. Avan nou manje se pou di Bondye mèsi pou sa. Itilize kreyativite ou, lapriyè yo dwe klè, senp epi espesifik pou aliman yo. Si ou konn chante priyè yo pou aliman yo, moutre yo epi chante yo oswa si ou kapab konpoze yo, fè li!

2. Lapwòpte. Se pou w fè yo tout lave men yo avan yo manje. Sonje y'ap soti nan yon aktivite jwèt. Apre sa se ti manje a, si sa posib, fè yo bwose dan yo. Se pou w byen emab, men se pou sevè sou sa, sitou avèk sa ki pi piti yo. sa kapab yon tan ki gen anpil lajwa.

3. Varyete. Si sa posib, prepare yon ti kolasyon diferan chak jou. Sonje ke manje yon ti bagay nan chak aliman, timoun yo ap resevwa yon alimantasyon konplèt epi balanse. Pran prekosyon nan prese bay manje. Bagay sa pa alimante epi rete timoun yo byen, sa ki kapab lakoz pwoblèm nan depatman yo.

4. Dlo. Mete dlo trete disponib non sèlman pou yo itilize nan tan kolasyon an. Se pou gen ase dlo disponib tou epi anplis eleman pou lapwòpte patisipan yo avèk sal kote n'ap sèvi yo.

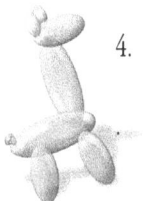

Responsab Jwèt Yo

Nou dwe bay tan pou rekreyasyon an men yo pa dwe poukont yo sinon se pou mèt la la avèk yo oswa yon responsab. Nan rekreyasyon an timoun yo aprann byen sèvi ak kamarad yo menm si yon nan yon jwèt, bon konpòtman, bèl pawòl, respv youn pou lòt, pa fè koken, elatriye.

Deskripsyon wòl yo

o   Asiste reyinyon pèsonèl LBV lan.

o   Rive chak jpou 30 mn avan aktivite LBV lan koumanse.

o   Chèche ak antrene kantite kolaboratè ki nesesè ki pou sipòte moun k'ap patisipe yo.

o   Mete yon ti souflèt disponib pou w kapte atansyon timoun yo.

o   Chèche yon kote ki apwopriye pou timoun yo jwe san yo pa kraze anyen ni frape yo menm.

o   Planifye jwèt yo depi davans, selon laj ak bezwen elèv yo.

o   Mete yon dispansè disponib pou bay timoun yo premye swen lè gen emèjans.

o   Ou dwe janti, men sevè, nan moman w'ap bay enstriksyon yo.

o   Drese rapò tout gwoup yo epi fv yon bilan final avèk pwen gwoup yo pou jou a.

Sigsyon pou jwèt yo

1. Wa a mande. Timoun yo divize an gwoup epi chak gwoup dwe genyen yon lidè ki ansanm avèk gwoup la dwe chèche jwenn tout sa wa a mande epi pote li kote wa ye a avan lòt gwoup yo.

2. Tè ak lanmè. Fè yon lign atè a. Yon bò se tè epi lòt la se lanmè. Timoun yo dwe vole nan youn oubyen lò a dapre sa yo endike yo. Moun ki pa vole kote yo mande l la dwe soti youn apre lòt.

3. Rechèche bagay ki etranj. Fè yon lis bagay pou yo chèche. Divize yo fè de gwoup epi ba yo yon tan detèmine pou yo pote bagay yo vini. Gwoup ki jwenn bagay yo avan se limenm ki genyen.

4. Fòme gwoup. Direktè a dwe koumanse ap di dimewo ke timoun yo gen pou gwoupe yo. Moun ki rete san gwoup la pèdi epi soti.

5. Foutbòl salon. Se pou yo fòme de gwoup epi fè yo chita nan alantou salón an. Se pou chak timoun ki nan menm gwoup jwenn menm nimewo. Abit la rele yon nimewo epi timoun yo avèk nimewo sa ap pran kouri pou pouse balon an yo chak nan zòn kontrè a.

6. Fòme chema. Fè twa gwoup katon kare avèk nimewo 0-10. Fòme twa gwoup yo, remvt yo katon yo epi mansyone yon chema pou yo fòme li.

7. Wi ou non. Mete nan do chak timoun, yon papye avèk nimewo, fwi oswa animal. Timoun nana p poze kamarad li a kesyon pou l devine sa ki nan do l la. Yo sèlman kapab reponn wi oubyen non.

8. Sèpan ki konn vole a. Fè yon wonn avèk timoun yo, youn kanpe nan mitan avèk yon kòd, voye li pou yo tout sote pou l ka pase anba pye yo. Moun ki pa sote a pèdi epi soti.

Responsab Mizik La

LBV lan bay chak timoun opòtinite pou yo kapab fè eksperyans avèk Bondye konfòm ak laj entèlektyèl yo. Timoun nan aprann pran plezi li nan adorasyon avèk akonpayman nan legliz la epi sa se yon bon tan pou w anseye yo. Mizik la enpòtan paske li pwodwi lajwa, yon bon ton emosyonèl, li anseye verite biblik yo, enspire ak eksprime santiman ak lide yo. Pou rezon sa a nou pa kapab bliye li.

Mèt la dwe gide ekspresyon timoun yo pou yo kapab sensè, sa yo dwe dirije nan direksyon chanjman ki bon.

Si nan orè a nou pa gen yon tan espesifik pou mizik, ebyen nou dwe pwofite yon tan avan oswa aprè kolasyon oswa nan tan leson biblik la.

Deskripsyon fonksyon yo

o Asiste reyinyon pèsonèl LBV lan.

o Rive chak jpou 30 mn avan aktivite LBV lan koumanse.

o Prepare epi fè repetisyon sou chan chak jou yo.

o Kolabore avèk Direktè oswa Direktris jeneral LBV lan kowòdinasyon mizik pou fèmti LBV (Lekòl Biblik Vakans lan).

Rekòmandasyon yo

1. Aprann lèt chan yo pakè

2. Etidye lèt chan yo pou kapab eksplike mo difisil yo.

3. Fredone chan plizyè fwa avan w mande elèv yo patisipe.

4. Ilistre chan yo lè sa posib.

5. Fòmile kesyon sou chante a. Timoun yo pral chèche repons yo lè y'ap tande chan an.

6. Asire w ke chan pa ni twò wo ni twò ba pou vwa elèv yo.

7. Mande timoun yo pou yo chante epi pa fè gwo bri. Kòd vokal yo an devlopman epi sa pral deranje yo.

8. Sèvi avèk entriman, kasèt oswa CD pou chan yo ki pou fasilite timoun yo chante.

9. Ou dwe gen kopi chan yo, oswa ekri yo nan yon tablo pou sa ki pi gran yo.

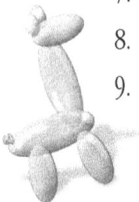

Endikasyon yo ki nan paj 8-9 dwe li avèk pwofesè ak responsab yo epi remèt yo kopi a pou yo tout ka genyen fonksyon pa yo a byen klè.

B. Eskripsyon avèk asistans

Nan jou enskripsyon an kat matrikil la konplete (wè anèks paj. 62). Si gen kèk elèv ki prezan jou sa a, fòk nou vizite li oswa etabli yon kontak ansanm avèk li (pa telefòn oswa lòt mwayen disponib) avan LBV lan koumanse fonksyone nòmalman.

Kat matrikil yo, dwe konplete avèk tout enfòmasyon yo mande yo. si w pa jwenn tout enfòmasyon yo jou enskripsyon an, ou kapab chèche enfòmasyon an avan ou koumanse, pandan tan LBV lan oswa nan fen an.

Kat matrikil elèv LBV yo tèlman gen valè oswa plis pase yon resansman relijye.

Chak kat reprezante yon timoun ki te nan legliz ke ministè LBV lan te rive konvenk lakay yo pou Kris la. Depi la li nesesè pou w mete yo nan achiv pou moun ki pral fè travay vizitasyon ak konsèvasyon rezilta yo. Anplis, la a nou genyen enfòmasyon sou plizyè frè ke nou kapab envite nan plizyè aktivite dapre laj yo (wè anèks paj.62). Si matrikil yo te byen konsève yo pral revele pwen fò ak fèb sou asistans lane ki pase a pa rapò ak tan kounye a.

Lèfini tou yo dwe fè yon lis de timoun ki asiste nan chak klas. Chak pwofesè dwe ranpli sa epi remèt li bay Direktè LBV lan nan fen aktivite a pou ke li kapab swiv kou ki koresponn nan (wè anèks paj.63).

Sa ki pi enpòtan ke ou dwe mete aksan sou li nan moman w'ap fè enskripsyon yo se tabliye yo. Chak timoun dwe genyen tabliye koulè li ki reprezante laj li epi pa konsekan klas la ki anba kontwòl li. Li dwe reprezantatif pou tèm k'ap prezante nan LBV lan epi pote tou ekri an gran lèt – BYEN GWO AK KI LIZIB- non timoun nan. Moun k'ap ede avèk pwofesè yo tou dwe gen tabliye pa yo ki kapab idantifye yo pou timoun yo kapab rekonèt yo. Sa yo dwe diferan de koulè pa timoun yo epi nou dwe fè diferans byen fasil (wè anèks paj.64).

C. Rapò final

Chak ane, lè aktivite a ap fini, ou dwe drese yon rapò ki rasanble tout done yo sou kijan aktivite a te dewoule ak pèsonèl ki te patisipe yo:

o   Pwofesè ak pèsonèl ki te patisipe yo.

o   Asistans elèv yo chak jou avèk nouvo tigason ak tifi yo.

o   Depans ki fèt yo.

o   Apresyasyon sou kijan aktivite a te ye ak konsèy pou lane k'ap vini.

Rapò sa a ansanm avèk matrikil yo dwe konsève pou konsilte pwochen ane a lè n'ap koumanse planifye. Ou dwe remèt chak pwofesè yon kopi. Tout wofesè yo dwe etidye done ki nan rapò yo pou dekouvri pwen fèb ki enpòtan pou evite yo avèk bon lide ki kapab repete yo (wè anèks paj.63).

③ Pwogram chak jou a

A. Aktivite davans

Fòk nou konsidere posiblite ki genyen pou kèk tifi ag tigason rive avan lè pou n koumanse a. Menm lè sa a tou dwe gen pwogram li. Pou sa, pwograme yon 30 mn pa jou pou fè jwèt k'ap sou kont pwofesè a oswa moun ki responsab la. Aktivite sa dwe genyen pou objektif kenbe yo okipe nan yon bagay ki itil avan LBV lan koumanse epi nan menm tan an li pral sèvi yo kòm ankourajmen pou yo rive pi bonè nan pwochen jou yo..

13

B. Lè pou koumanse a

Li enpòtan pou sa respekte, sinon l'ap kraze rès orè travay la. Menm si se avèk yon sèl timoun pwofesè a dwe koumanse nan lè egzat ki te anonse a, men lè l fèt nan lè yo tout rive a pote pwoblèm sa a yo:

o   Li se yon dekourajmen pou sa ki fè efò pou rive alè yo. paske y'ap ankouraje pou yo vini pita yo menm.

o   Retade tout orè a sa kapab fè gen kèk aspè enpòtan ki rete san trete oswa vin kreye bagay ki grav kòm konsekans ke sa pote.

o   Anpil nan elèv yo se pral timoun ke paran yo mennen ak pote. Sa vle di paran yo ap vini chèche yo nan lè yo konnen ki anonse a epi pou jiskaprezan aktivite a pata fini, paske li pa t' koumanse nan lè yo te di a, timoun ki te rive alè a gen pou l ale lakay li san li pa fin fè rès devwa li yo (wè anèks paj. 60 ak 61).

C. Enskripsyon

Li enpòtan pou n fè enskripsyon nan youn oswa plizyè joua van aktivite a koumanse. Rezon pou sa rive fèt la se genyen yon matrikil konplèt nan jou koumansman klas la, evite pèdi tan nan premye jou a. Nan jou enskripsyon an kat matrikil yo dwe konplete (wè anèks paj. 62), youn pou chak elèv. Si kèk elèv pa t prezan nan jou a se pou w vizite li oswa etabli kèk kontak avèk li (telefòn oswa lòt mwayen disponib) avan klas LBV lan koumanse fonksyone nòmalman.

Kat matrikil yo dwe konplèt ak tout enfòmasyon yo mande yo. Si yo pa gen tout enfòmasyon yo, jou enskripsyon an ou kapab chèche rès enfo a avan klas la koumanse, pandan moman LBV lan oswa lè li fini.

D. Pwoteje yo, drapo ak salitasyon:

Poun k'ap bay pwoteksyon yo dwe chwazi jou pa klas nan itilize kèk sistèm ki fv referans, tankou pa egzanp: asistans, konpòtman, pi bon zanmi timoun yo chwazi pou jou a, elatriye.

Pou sa ki konsène drapo a li bon pou n sèvi avèk pa peyi a e kretyen an. Yo dwe genyen menm gwosè ak materyèl pou pa bay lide ke gen youn ki gen plis enpòtans pase lòt.

Salitasyon pou drapo yo avèk pa Bib la dwe ekri nan yon papye brisòl byen laj oswa an kopi pou tout timoun yo. Salitasyon sa a yo dwe fèt anndan pwogram nan, ak yon prensip ki gen anpil valè.

o   Nou salye drapo nasyonal la pou motif relijye ak patriyotik. Nou swete ke li se yon garanti libète de kilt. Nan salitasyon drapo a nou onore peyi a avèk constitisyon an.

o   Drapo kretyen an te jwenn akseptasyon li dapre yon akò tout denominasyon evanjelik yo. Li reprezante pou nou yon senbòl linyo krisyanism la nan mond lan.

o   Finalman nou salye Bib la paske se pawòl Bondye a. Akoz de otorite Bib la nou genyen legliz la epi nou konnen Jezikris kòm Sovè nou. Se nan li nou jwenn bagay ki konsène Sali noue pi nou konsidere li kòm règ lafwa ak pratik nou. Poutèt sa, li enpòtan pou ke dènye ak pi gwo salitasyon nou se pou Bib la.

SALITASYON POU DRAPO NASYONAL LA:
Mwen pwomèt onètete pou drapo patri mwen an, avèk repiblik li reprezante a.

SALITASYON POU DRAPO KRETYEN AN:
Mwen pwomèt onètete devan drapo kretyen an, avvk Seyè Jezikris, Sovè limanite a. Yon fratènite, rasanble limanite nan sèvis avèk renmen.

SALITASYON POU BIB LA:
Mwen pwomèt onètete devan Bib la, Pawòl sen Bondye a epi m'ap fè li lanm ki pou klere pye mwen ak yon limyè sou wout mwen, epi m'ap sere pawòl li yo nan kè m pou m pa peche kont Bondye.

Si sa posib, cahte yon estwòf nan lim nasyonal peyi a pou salye drapo patri a, yon estwòf nan "Se pou nou kenbe fèm nan Kris la" lè n'ap salye drapo kretyen an ak yon estwòf nan lim "Bib la" pou salye Bib la. Lim yo "S pou nou kenbe fèm nan Kris la" avèk "Bib la" ou kapab jwenn yo nan liv chan an "remèsiman ak devosyon" avèk nimewo #131 ak #324 nòmalman.

E. Orevwa

Nan fen tout aktivite yo pou jounen an chak klas yo dwe al asiste ankò nan plas kote yo te koumanse a. La a yo pral bay yon revizyon tou nèf sou leson tèm nan avèk tèks la. Pandan tan sa a ou kapa reyalize yon konkou sou asistans, li kapab gason ak fanm, pa klas, elatriye.

Apre sa yo kapab chante chan tèm nan, ou kapab fè yo sonje kèk anons epi fè yon lapriyè pou w voye yo ale lakay yo.

4 Fèmti
Lekòl Biblik Vakans lan

Fèmti LBV lan se tankou yon pwen final de aktivite espesyal ki te genyen an. Sa pral enpòtan anpil si nou pran anchaj ke tout moun, menm timoun yo, apre yo fin konplete yon seri y'ap tan yon bagay al final. Pa konsekan, tan fèmti a ap pèmèt nou remèt sètifika pou asistans e avèk lòt ti kado nou pral genyen pou ba yo.

Lòt bagay ki genyen, tan sa a kapab se moman espesyal pou fè ekspozisyon de tout travay atizana yo te fè pandan tout dewoulman LBV lan. Se yon tan espesyal pou akonpayman ak zanmitay.

Li enpòtan pou envite paran timoun yo. Sonje byen ke gen kèk timoun ki gen paran yo ki pa moun legliz, sa a se pral yon bèl okazyon pou yo fè sa. Nan fason sa a, yon bon reyinyon oswa kilt fèmti kapab okazyon ke Bondye itilize pou nou apwoche nou bò kote fanmi tou nèf sa yo.

Si w vle fè yon kilt, li enpòtan pou pastè a la epi se limenm ki pou preche. Mesaj la dwe santre sou evanjelizasyon epi byen kout e se menm jan pou rès pwogram nan tou.

5 Divizyon dapre laj yo

Soti nan laj kat rive senk lane:
o Si sa posib ou pa dwe genyen plis pase 20 timoun epi fòk genyen de pwofesè, ak omwens yon pwofesè plis youn oubyen de asistan, deja ke gen kèk nan timoun yo ki nan laj sa a ap bezwen konkou pou y'ale nan beny lan.
o Yo bezwen anpil plas pou yo vire kò yo epi aprann prensipalmanpa mwayen aktivite yo nan sant enterè a.
o Sant enterè a:
   ✔ Y'ap jwe nan kay la
   ✔ Mizik la
   ✔ Lanati

Soti nan laj sis rive sèt lane:

o Menm jan avèk avn, pa dwe gen plis pase 20 timoun epi dwe genyen de pwofesè.

o Menm jan an, fòk gen anpil espas vide pi yo aprann pa mwayen sant enterè a.

o Sant enterè yo:

- ✔ Atizana: Desen, sab, plastilin, koupe ak kole.

- ✔ Dram: Yon reprezantasyon kote ke timoun yo maske, ede yo idantifye yo avèk pèsonaj biblik yo.

- ✔ Lanati: Soti al pwomennen nan yon forè, yon rivyè, yon plas epi resoti verite biblik yo, tankou Bondye Kreyatè a, diferans nan kreyasyon an, ekilib ki egziste nan tout sa ki te kreye yo, elatriye.

Soti nan laj witan pou rive nèf lane:

o Li mande pou genyen 15 elèv nan chak klas ak de pwofesè.

o Anbyans familyal ke timoun yo jwi nan sistèm eskolè a, ap fè nivo atansyon an leve pi wo. E poutan, nou pa dwe bliye ke yo bezwen aktivite a.

o Sant enterè yo:

- ✔ Kastèt yo: Yo kapab sèvi avèk li pou aprann vèsè biblik yo, pou ranje yon imaj ki fè referans ak leson an oswa ki kapab ankouraje yo pou ke avèk materyèl senp yo, yo fabrike pwòp kastèt pa yo.

- ✔ Jwèt tab yo: Yo kapab sèvi pou kèk leson ke yo konn itilize kat jewografik (pa egzanp: través pèp Izrayèl nan dezè a, kèk devire Jezi oswa vwayaj Pòl) lè w'ap fè timoun yo vwayaje kèk kote pou fè yo akonpli ak kèk règleman. Premye sa ki fini avan yo genyen. Nan sa a yo kapab byen kreyatif.

Soti nan laj dis pou rive 11 lane:

o Li mande pou genyen 15 elèv nan chak klas ak de pwofesè.

o Fòk ou fè atansyon ak enkyetid yo genyen avèk nesesite yo, deja yo nan yon laj ki tou pre ak adolesans epi koumanse ak kesyon yo. Aktivite a, menm si yo pa anpil menm jan ak pi piti yo, se pou w toujou mete kontwòl sou yo.

o Sant enterè yo:

- ✔ Chak klas dwe genyen yon ti moman de priyè nan koumansman pandan w'ap mande depi davans si pa gen kèk demann de priyè espesyal.

- ✔ Fòk gen yon ti tan pou dyalòg.

- ✔ Ou dwe fè asistans ponktyèl la pou klas y opa mwayen de kad, ti kado avèk prim, konplete imaj, elatriye.

Anmezi sa posib, si manke kèk elèv, pwofesè a (pa gen pwoblèm pou kèlkeswa klas li ye a) ou dwe chèche konnen kisa k te pase epi pale avèk li, pa mwayen yon bagay ke yo ka rive jwenn (vizit pèsonèl, telefò, selilè, imèl elektwonik, elatriye.).

Pou enspire elèv yo, ou kapab prezante istwa pèsonalite ki tou nèf yo kote y'ap kapab soulinye diferan karakteristik pozitif aplikab pou ansèyman leson an pou lavi chak jou.

Si y'ap travay avèk yon kaye ki tou pwograme, yo dwe kontinye endikasyon yo epi fè timoun yo fè tout travay yo mande pou chak jou yo.

Pwofesè yo se moun ki pi enpòtan pou reyisit LBV lan. Se yo menm ki pral entriman dirèk ke Bondye pral itilize pou fè timoun yo konnen plan Sali a pa mwayen ansèyman biblik yo.

Sa ki rekòmande yo

o Eksperyans reyèl sou Sali a avèk kongregasyon.

o Gen bon temwayaj anndan ak deyò legliz la.

o Gen pasyans ak konpreyansif.

o Anvye pou jwenn lanmou ak konfyans timoun yo.

o Renmen lekti ak aplikasyon Bib la nan lavi li chak jou.

o Renmen legliz lokal li a.

o Renmen rann sèvis epi pasyone.

Koze moral yo

Menm si koze sèks la se pa yon tèm ki fasil pou moun trete, nou dwe mansyone sa Manyèl Legliz Nazareyen 2001- 2005 lan di; nan anèks la, chapit V, paragraf 904 sou zafè moral ak sosyal kontanporen yo, nan pwen 904.4; kote ki pale sou maltrete moun ki san defans yo:

904.4.
Maltrete moun
ki san defans.

Legliz Nazareyen kondane tout move tretman k'ap fèt sou moun, nenpòt laj la oswa sèks, epi fè yon apèl pou ke kapab gen yon konsyans piblik sou sa pa mwayen piblikasyon li yo nan bay enfòmasyon edikatif ki apwopriye.

Legliz Nazareyen reyafime pozisyon istorik li de ke moun sa a yo k'ap travay anba otorite legliz la,

li entèdi pou y'ap komèt zak imoralite seksyèl epi nan lòt kalite fòm de move tretman pou san defans yo. Lè ou mete moun nan nan yon pozisyon de konfyans oswa de otorite, Legliz Nazareyen pral bay kòm rezilta ke kondwit pase a te jeneralman yon endikatè konfyab de yon konpòtman pwobab pou lefiti.

Legliz la pral refize bay pozisyon otorite ak moun ki te

399) lize yon pozisyon de konfyans oswa otorite pou komèt imoralite seksyèl oswa move tretman sou moun ki pa gen defans yo, se sèlman si yo ta sou woup pou repanti de konpòtman sa yo te komèt la. Ekspresyon repantans bò kote moun ki te koupab sou zak la pa dwe konsidere kòm prè ki sifi pou elimine lide ke nan yon fiti li pata ka pab retounen fè menm bagay la, se sèlman si ekspresyon re- itilize yon pozisyon de konfyans oswa otorite pou komèt imoralite seksyèl oswa move tretman klè pou yon tan ki byen de- tèmine avèk pridans tankou pou endike ke tonbe yon lòt fwa a li enpwobab (1997).

pantans yo ta akonpanye avèk sinyal chanjman de konpòtman

17

Pliske legliz la pa egzan pou genyen nan mitan kongregasyon ak zanmitay ak moun ki pwoblematik ki pral vle pran avantaj sou inosans timoun yo, nou rekòmande radikalman ke chwa lidè ki pral travay avèk timoun yo fèt apre yon evalyasyon brèf. Nou deside rele aprè lidè LBV yo, pou yo kapab vrèman pridan nan fason y'ap sèvi avèk timoun yo ak tijèn yo. Yo menm ki depoze tout konfyans yo nan granmoun yo epi respekte otorite san poze okenn kesyon. Pou rezon sa a, nou ofri rekòmandasyon sa a yo:

1. Anndan posiblite yo epi pou devlopman lidèchip mesye yo, sa mande pou ni fanm, ni gason travay.

2. Kòm lidè ou dwe obsève konpòtman kamarad ou yo nan ministè a epi rapòte bay pastè a nenpòt anòmali ou ta rankontre. Fè anpil pridans pou w fè bon jijman, pa fè kòmantè, ni koumanse fè medizans ki p afonde (Levitik 19:16 ak Sòm 101:5).

3. Planifye aktivite yo pou ke gen plis pase yon granmoun avèk timoun yo.

4. Lè yon timoun fè konnen ke kèk lidè ministè sa a bo oswa karese li nan yon fason ki pa kòrèk, ou dwe kwè nan sa timoun nan di a epi byen vit pale avèk direktè ministè a epi avèk pastè w la. Se menm bagay la pou si yon timoun denonse konpòtman abitrè bò kote paran avèk fanmi yo.

5. Si timoun yo bezwen èd pou y'al nan twalèt, se pou yon fi mennen tifi yo epi yon gason mennen tigason yo. Moun ki akonpanye timoun nan dwe fè lòt granmoun nan konnen ki kote l'ap ye epi li dwe retounen avèk tifi a oswa tigason an nan salón aktivite yo byen vit jan sa posib.

Avèk règ sa a yo nou pa vle kreye yon dekonfyans bò kote moun k'ap travay avèk timoun yo, men si nou aplike yo avèk yo tout menm jan, pap gen plas pou sitiyasyon anòmal. Nou se yon legliz sentete epi nou pa dwe kite pou anyen sal imaj nou, deja sa t'ap sal imaj Kris la. Si antite nan lari yo pran prekosyon sa a, pou kisa noumenm non.

Konsèvasyon

Konsèvasyon rezilta LBV yo genyen yon gran enpòtans, kidonk sa a se ta yon regrèt poun pèdi kay tou nèf nou kontakte yo.

Anpil nan timoun yo ki pral aksepte Jezi kòm Sovè yo pral koumanse yon lav itou nèf nan Kris la gen pou soti nan kay moun ki pa kretyen. Pou rezon sa a, l'ap enpòtan pou w akonpanye epi anseye yo nouvo etap pou yo swiv (priye, li Bib la, asiste nan Lekòl Dominikal, elatriye.).

Direktè LBV lan dwe fè atansyon lè li resevwa enfòmasyon sa de pwofesè yo epi fè l rive jwenn Direktè Ministè nan mitan timoun yo deja se limenm k'ap responsab pou veye sou rès travay la. Direktè oswa Direktris Ministè nan mitan timoun yo ap bezwen òganize pwofesè yo pou yo reyalize travay sa. Si nan kat enskripsyon yo kèk timoun anote done yon lòt frè ki jèn, enfòmasyon sa a dwe ale nan men responsab JNE, deja yo kapab foure li nan kèk aktivite espesyal.

Konsèy yo

1. Konsève yon bon relasyon avèk timoun yo ki pa asiste nan legliz la men ki te rive nan LBV lan.

2. Remèt yon lis de non sa a yo bay gwoup depriyè nan legliz la.

3. Remèt kopi kat yo bay pwofesè Lekòl Dominikal ki koresponn nan.

4. Envite yo nan Lekòl Dominikal la ak nan lòt aktivite espesyal yo ke yo kapab patisipe.

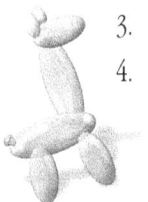

GÈRYE BIBLIK YO

Pou nou kontinye, n'ap ba ou senk leson pou devlope pandan yon Lekòl Biblik Vakans k'ap dire yon semèn (Soti lendi pou rive vandredi). Yon fason pou nou mete li nan lòd se:

o Jou lendi leson Noye a.
o Jou madi leson Moyiz la.
o Jou mèkredi leson Danyèl la.
o Jou jedi leson Jonas la.
o Jou vandredi leson Jezi a.

Pou chak leson ki mansyone la a yo nou ba ou kèk konsèy senp sou kijan w kapab prezante yo bay diferan laj yo. Sonje ke chak klas gen pwòp karakteristik li, pou sa nou dwe moutre leson yo avèk memwa nou diferan. W'ap jwenn yon paj ki gen èd vizyèl pou w itilize nan prezantasyon ak devlopman chak leson. Sa ap ede ou fè chak leson pi dinamik epi enteresan.

Materyèl pou chak leson genyen ladan l tou yon aktivite atizanal pou chak laj diferan. Lè w'ap itilize materyèl sa a ou gen pèmisyon pou w fè fotokopi paj yo ke w bezwen pou w travay avèk timoun yo. Silvouplè, pa fè fotokopi lòt pati materyèl la san otorizasyon. Nan acha chak bèl èd nan pwodiksyon de plis ak pi bon materyèl yo kòm sa pou devlopman ministè legliz lokal la.

Lè n'ap anseye timoun, gen yon resous ki efikas ki se mizik. Si w vle, ou kappa chte CD "Noumenm tou nou adore" (wè fasad deyò a). Si CD sa pa pwodwi espesyalman pou itilize ansanm avèk materyèl Lekòl Biblik Vakans lan, kèk nan chan li yo kapab ede w ranfòse ansèyman nan chak leson yo. Pa egzanp, pou:

o Leson Noye a, ou kapab sèvi avèk chan "li te naje pandan 40 jou".
o Leson Moyiz la, ou kapab sèvi avèk chan "O, Seyè".
o Leson Danyèl la, ou kapab sève avèk chan "Mwen konnen tankou Danyèl".
o Leson Jonas la, ou kapab sèvi avèk chan "Bondye m nan gen tout pouvwa".
o Leson Jezi a, ou kapab sèvi avèk chan "Yon santye".

Nou swete ke w pran plezi nan materyèl tou nèf sa a epi ede w nan ansèyman Bib la pou timoun yo nan legliz lokal la ak kominote a.

NOYE

Jenèz 6-9

Objektif : Moutre Noye kòm yon nonm ki te konn obeyi Bondye menm kont lòt moun epi rive vin yon gèrye kote ke n'ap jwenn istwa li nan Bib la. Tèks : Jenèz 6 :8

Leson: Pwofesè a dwe li leson an epi rakonte li avèk pwòp pawòl li yo byen brèf (senk minit pou sa k pi piti yo) epi elaji li dapre laj elèv yo genyen (pa plis pase 10 minit). Divize leson an an entwodiksyon, devlopman ak aplikasyon, limenm ki enpòtan anpil paske l'ap bezwen pote pasaj la nan tan ak sikonstans prezan yo. Obsève egzanp sa:

Entwodiksyon : Sa a se yon istwa ansyen. Èske nou konnen kisa ki yon istwa ? epi, Ki diferans ki genyen avèk yon kont ? Wi, yon istwa se yon bagay ki te pase tout bon men kont la se lekontrè. Yon kont se yon istwa ke yon moun envante nan imajinasyon li pou fè lòt moun ri. Men nan istwa sa a, sa ki rakonte la a moun menm jan ak nou te viv li epi sa te fèt yon fwa. Lavi Noye se istwa paske sa te pase sa fè byen lontan.

Devlopman: Lè Noye t'ap viv se te yon tan difisil, moun yo te mechan anpil, yo te tèlman ap mal aji, yo pa t vle koute pawòl Bondye. Bondye te deside fini avèk lèzòm epi sove sèlman moun ki te akonpli avèk pawòl li. Se lè sa Bondye te pale ak Noye ki te rete fidèl avèk li epi akonpli tout sa li te mande l fè. Konsa Bondye te mande li pou l te prepare li paske li ta pral detwi tout sa ki te egziste epi Noye te dwe konstwi yon lach pou li, fanmi li ak de animal nan chak espès, gason tankou fanm. Se konsa Noye te swiv tout enstriksyon Bondye yo malgre tout moun t'ap pase l nan rizib epi ri li paske li te bati yon gwo bato nan mitan yon dezè. Lè a rive Bondye te voye yon gran inondasyon epi sèl moun ki te rive sove tèt yo, èske nou konnen kilès yo te ye? Wi, Noye avèk sa ki te nan lach avèk li a.

Aplikasyon: Kounye a Bondye pap mande nou konstwi yon lach, pa vre ? Men, wi li mande nou pou nou diferan, nan ki fason nou diferan de lòt moun nan tan Jodi a? Kouman sa fè nous anti avèk zanmi nou yo? Nan tan Jodi a nou pa anonse inondasyon men, kisa ki pral pase moun sa a yo ki pa obeyi Bondye? Ebyen, kisa nou dwe fè pou sa pa rive nou noumenm ? Epi, pou sa pa rive yo ?

Yo dwe poze timoun yo kesyon sa a yo pou yo reponn yo aloral epi pi gran yokapab fè li alekrit. Si w kwè ke li nesesè ou kapa chanje yo fòm ke yo kapab konprann li pi fasil.

Konsèy: Si timoun ki nan laj 8 lane pou rive pi devan yo konn istwa sa a, ou kapab koumanse entèwonp yo avèk kesyon pou yo koumanse reponn. Ou kapab rekonpanse ak yon prim moun ki leve men avan epi reponn byen.

Ak sa ki pi piti yo ou kapab itilize èd vizyèl ki nan paj sa.

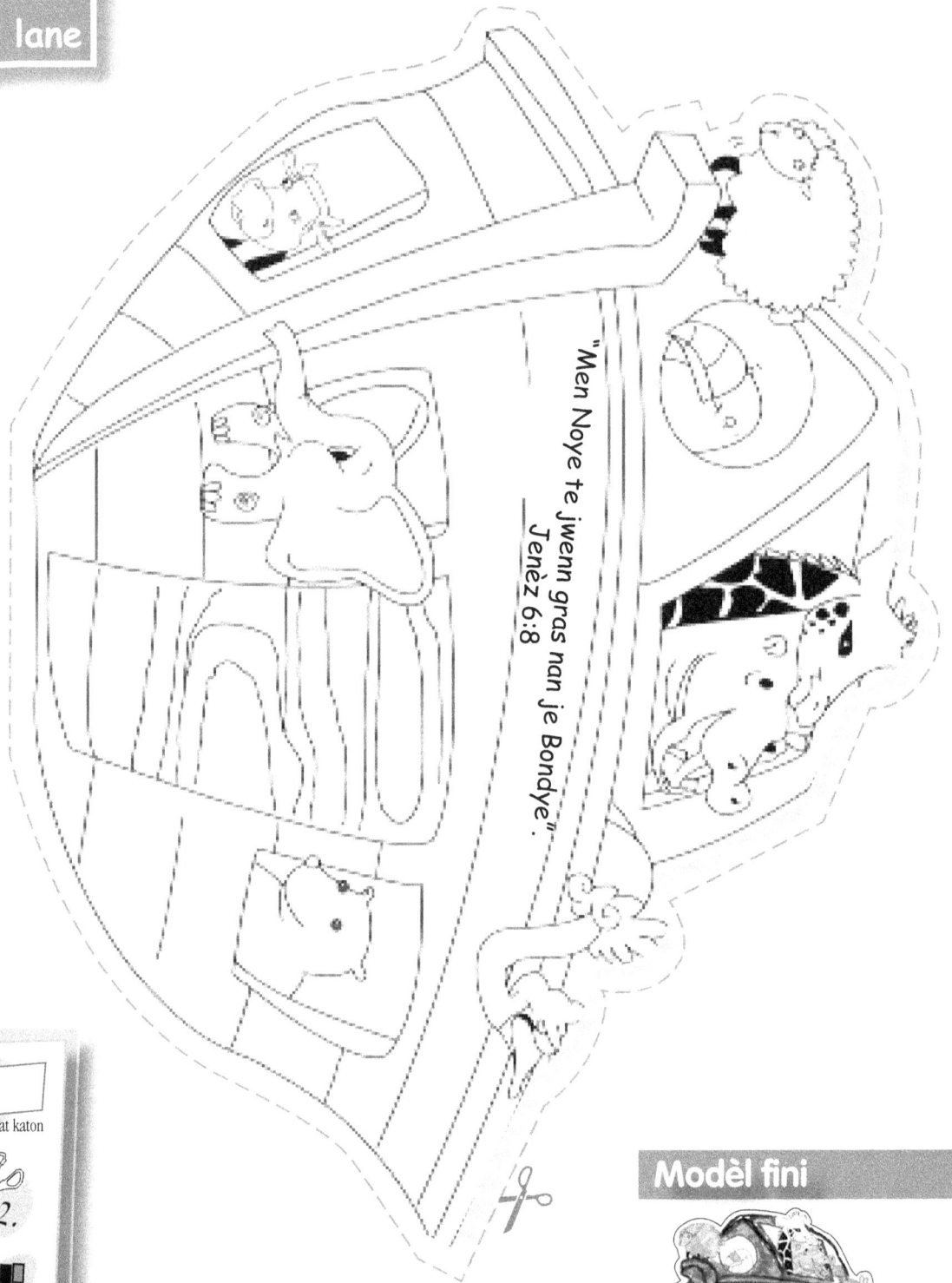

" Men Noye te jwenn gras nan je Bondye ".
Jenèz 6:8

1. Bwat katon

2.

3. Pèl oswa ti moso papye

4. Goma

Modèl fini

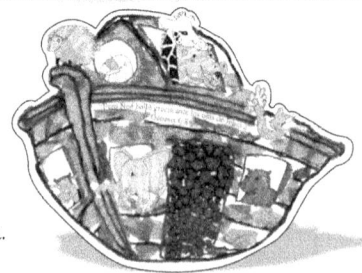

Pou tifi ak tigason ki nan laj 4-5 lane:

Kole lach la nan yon papye brisòl. Apre sa timoun yo dwe koupe ti moso papye yo ak dwèt yo epi fè ti boul. Finalman yo pral kole ti boul yo pou yo plen lach la.

Nòt: Kòm timoun yo piti anpil pwofesè yo kapab soutni men yo pou koupe desen lach la depi davans.

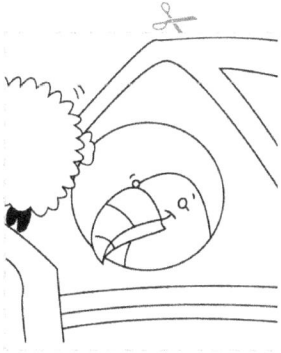

1.

2.

3.

Ti moso papye

4.

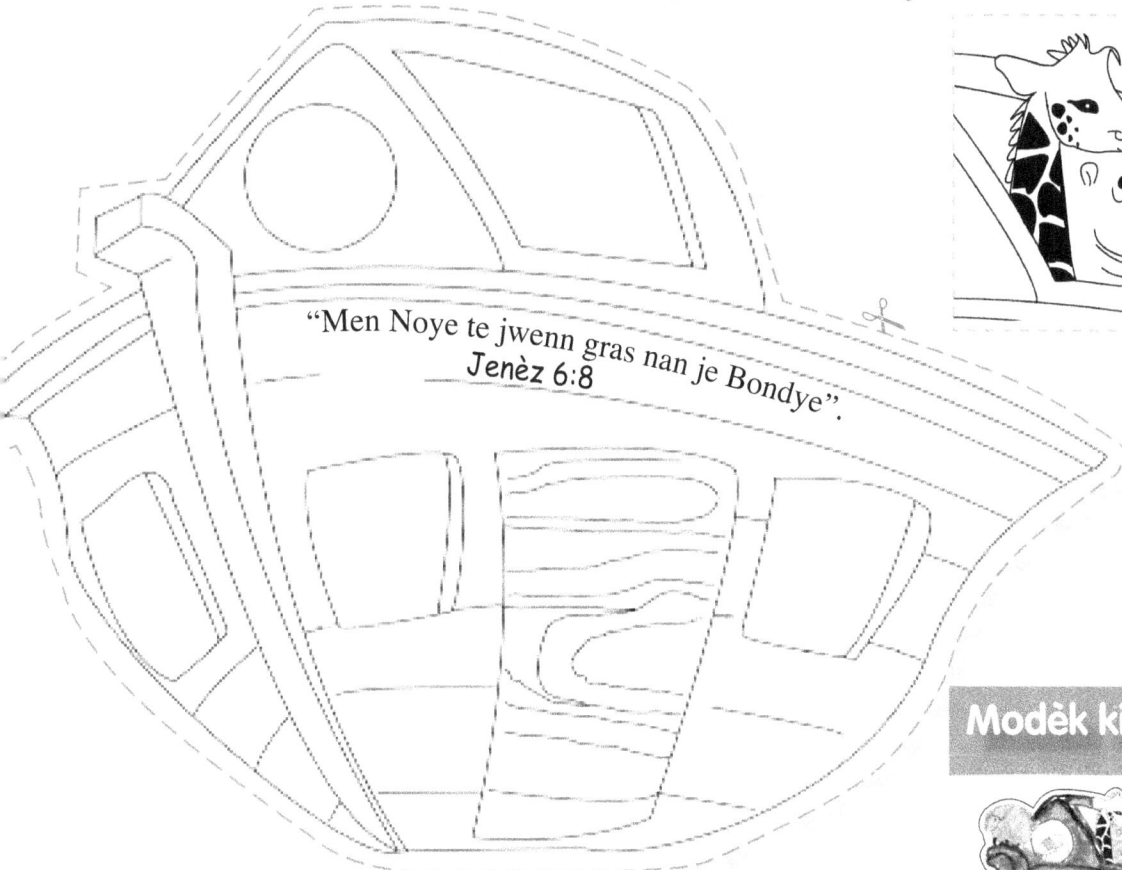

"Men Noye te jwenn gras nan je Bondye".
Jenèz 6:8

Modèk ki fini deja

Tigason ak tifi ki nan laj 6-7 lane yo dwe:

1. Resevwa yon kopi desen an.
2. Pentire ti animal yo.
3. Koupe ti animal yo avèk lach la.
4. Kole lach la nan yon papye brisòl.

5. Kole ti animal yo nan lach la.
6. Re koupe ti moso papye (sa ki itilize pou fè tanpon oswa konsonmen yo) oswa papye jounal avèk dwèt yo, se pa avèk s epi finalman replen lach la

"Men Noye te jwenn gras nan je Bondye." Jenèz 6:8

1.

Goma

2.

Kur

3.

Rezèrvwar oswa nouy

4.

Lenn Mouton

Modèl ki fini deja

"Men Noye te jwenn gras nan je Bondye." Jenèz 6:8

Tigason ak tifi ki nan laj 8-9 lane yo dwe:

1. Resevwa yon katon oswa yon papye brisòl de 15cm de longè pou 5 cm de lajè epi.
2. Kole tipapye dan yo anlè sou fasad anwo youn tou pre lòt jan modèl ki fini an endike l la, san pa gen espas ki rete nan mitan yo, kite yon ti espas nan fen an pou kole vèsè biblik la.
3. Fè yon ti two zegwi nan pati anlè a epi mare li avèk yon ti fill en, jan model ki fini an endike l la.
4. Rekoupe imaj Noye a, desine epi kole li anwo pwen pou dan yo.
5. Rekoupe epi kole tèks biblik la.
6. Dekore nan fason ou renmen an avèk pat oswa imaj separatè li.
7. Rekouvri tout avèk adezif oswa penti pou l kapab rete fèm.

"Men Noye te jwenn
gras nan je Bondye."
Jenèz 6:8

Modèl sa ki fini

"Men Noye te jwenn gras
nan je Bondye."
Jenèz 6:8

Tèks la la a

1.
2.
3. Ti moso
papye
4.

Tigason avèk tifi ki nan laj 10-11 lane:
1. Resevwa yon kopi desen an.
2. Koupe desen an sou liy ki pwentiye a avèk tèks biblik yo ki parèt nan fèy la.
3. Bay koulè oswa kole tiboul papye yon an imaj Noye a.
4. Double sou liy nan jan yo endike l la imaj modè sa ki fini déjà.

Nòt: Si w vle pou travay atizana a rete pi fèm ou kapab kole li sou papye brisòl oubyen yon katon.

MOYIZ
Egzòd 3

Objektif: Moutre Moyiz kòm yon nonm ke pa mwayen pouvwa Bondye a li te vin tounen yon gwo ewo e nou jwenn istwa li nan Bib la ki pou sèvi nou egzanp jounen jodi a.

Tèks: Egzòd 3 :12a pou timoun ki pi piti yo epi soti nan 3 :12 konplèt pou sa ki pi gran yo.

Leson : Pwofesè a dwe li leson an epi rakonte li avèk pwòp pawòl li yo byen brèf (senk minit pou sa k pi piti yo) epi elaji li dapre laj elèv yo genyen (pa plis pase 10 minit). Divize leson an an entwodiksyon, devlopman ak aplikasyon, limenm ki enpòtan anpil paske l'ap bezwen pote pasaj la nan tan ak sikonstans prezan yo. Obsève egzanp sa:

Entwodiksyon: Moyiz se te yon nonm ki te viv nan tan lontan pandan anpil lane, nou prèske ta kapab di lè istwa limanite te koumanse. Moyiz t'ap gade mouton nan savann bòpè li. Li se yon nonm ki te renmen Bondye avèk peyi li ? Kijan peyi pa w la rele? Èske nou renmen peyi pa nou an? Nonm sa a te renmen peyi li anpil men li te oblije kite li paske li te gen kèk pwoblèm la. Pandan l te rete byen lwen li te aprann ke peyi l la te nan anpil pwoblèm epi moun ki t'ap viv ladan yo te anba move tretman akoz de moun lòt nasyon yo.

Devlopman: Ebyen, yon jou li t'ap pran swen mouton yo epi li te wè yon touf bwa (touf bwa ki nan dezè ki kapab boule fasilman) li te pran dife, men pou fè diferans ak lòt touf bwa yo, li pa t' boule (pou eksplike kijan yon bagay boule nan dife, ou kapab boule yon ti moso papye epi ou dwe ekplike yo tou ke yo pa dwe fè repetisyon an lakay yo si pa gen granmoun la). Lè Moyiz t'ap pwoche bò kote touf bwa a Bondye te rele li "Moyiz ! Moyi ! wete sandal ki nan pye w la paske kote w antre a se yon tè ki sen li ye". Sa k te pase a se ke pèp Moyiz la te priye mande Bondye èd li epi Bondye te chwazi Moyiz pou al ede yo.

Lè Bondye te pale ak Moyiz pou l te ale sove pèp la nan non li, nan koumansman li pa t' vle paske l te pè. Men lè Bondye te ba li yon konpany epi eksplike li ke l ta pral nan plas li, li te aksepte defi a pou l'al libere pèp Izrayèl la epi menen yo antre nan tè Bondye te pwomèt yo a.

Aplikasyon: Pètèt jodi a nou pap wè yon touf bwa k'ap boule, men Bondye pale avèk nou pa mwayen Bib la, Lekòl Dominikal, predikasyon yo, chan yo,, zanmi nou yo, paran ak pwofesè yo. Li rele nou pou li wè si nou vle fè volonte li. Kisa li vle ? se pou nou fè bon timoun, nou pa dwe vòlò, pa bay manti, pa di betiz, se pou noue de lòt moun vin jwenn Jezi. Mande yo pou kapab reponn. Epi lè n'ap fè bagay sa a yo nou toua p fè sa Bondye vle pou lavi nou. Menm jan avèk Moyiz, noumenm tou nou dwe ale kote Bondye vle.

Konsèy : Avèk timoun ki gen 8 lane oswa plis yo, si yo déjà genyen konesans sou istwa a, olye w rakonte yo li, ou kapab fabrike yon ti kesyonè senp ke yo dwe reponn an gwoup pa de oswa plis oswa sou fòm endividyèl, nan pran èd nan Bib ou a. Lè yo fini, yo pataje li epi apre sa ede yo avèk aplikasyon an.

Avèk pi piti yo ou kapab sèvi ak èd vizyèl yo ki nan paj sa a.

1.
2.
3.
ti bwa

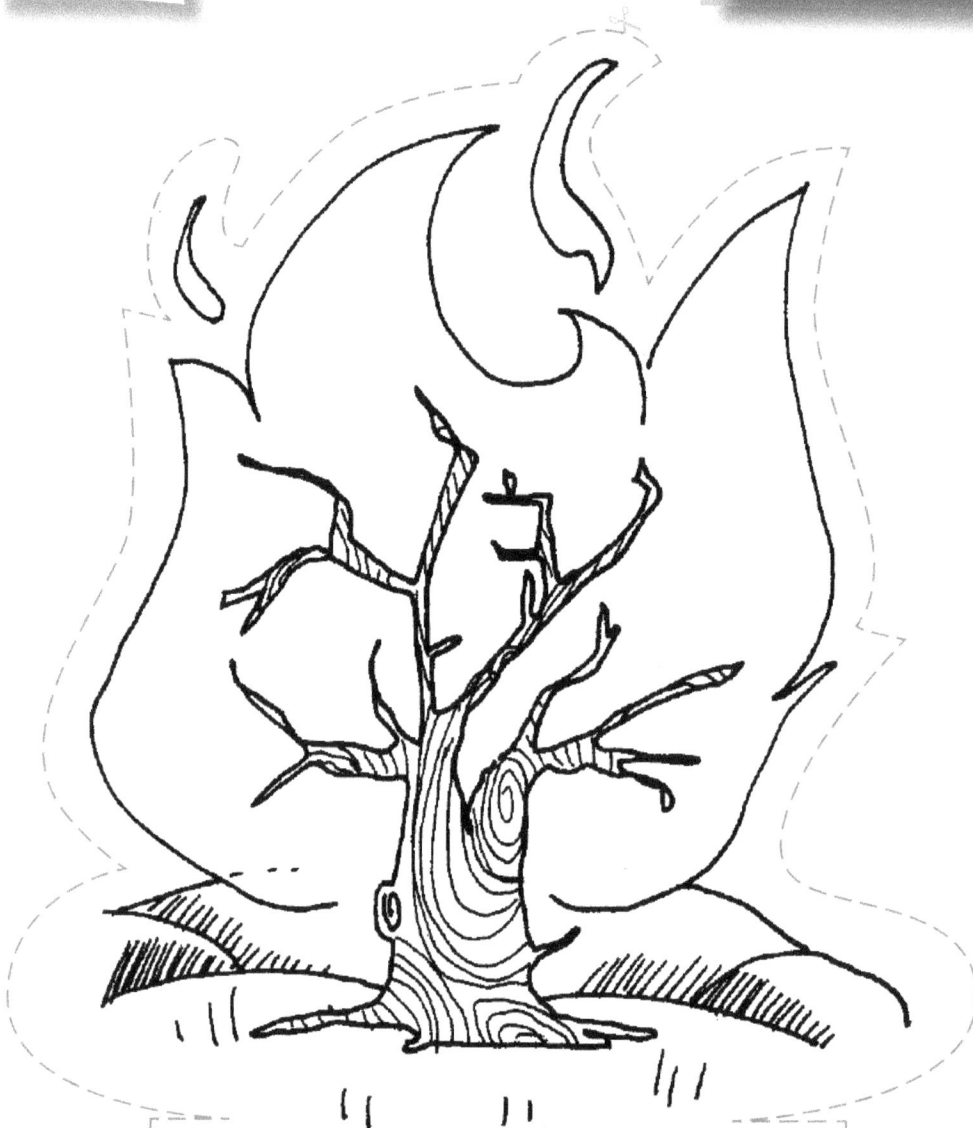

"Ale paske m'ap toujou avèk ou... "
Egzòd 3:12a

Modèl ki fini deja

Tigason ak tifi ki gen 4 pou rive 5 lane yo dwe:

1. Resevwa yon kopi nan desen an (li kapab nan yon papye kouran oswa konstriksyon).
2. Pentire desen an avèk kreyon.
3. Kole ti bwa yo nan liy branch yo.

Nòt: Kòm timoun yo piti anpil, pwofesè yo kapab pote zèb yo tou koupe depi davans.

Ale paske m'ap toujou avèk ou... "
Egzòd 3:12a

1.

2.

3. crayon

4. Goma

5. woulo ki ande-dan papye ijenik

6. Katon

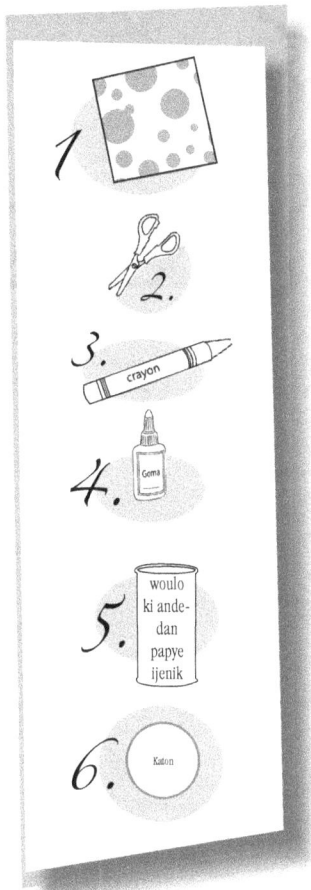

"Epi li te reponn: Ale, m'ap kanpe la avèk ou. Lè fini pou fè konnen se mwen menm ki voye ou, men sa w'a fè : lè w va fin fè pèp la soti kite peyi Lejip, n'a sèvi m sou mòn sa a".
Egzòd 3 :12.

Modèl ki fini deja

Tigason ak tifi ki gen laj 6 pou rive 7 lane yo dwe:

1. Resevwa yon kopi desen Moyiz la ak youn nan tèks biblik ki parèt nan fèy la.
2. Fè desen imaj Moyiz la.
3. Resevwa yon woulo ki andedan papye ijenik ak yon moso papye pou kouvri li. Papye a kapab oswa pa mouye.
4. wouze woulo ki andedan papye ijenik la avèk lakòl epi kouvri li avèk papye.
5. Pandan l'ap seche ou dwe koupe yon katon sou fòm sèk ki kouvri youn nan mitan woulo papye ijenik yo, pou l kapab sèvi sant.
6. Kole imaj Moyiz la, apre w fin pentire ak koupe li, nan woulo andedan papye ijenik menm jan yo moutre sa nan modèl ki fini deja a.
7. Koupe vèsè biblik la epi kole li nan woulo andedan papye ijenik la anba imaj Moyiz la.

8-9 lane

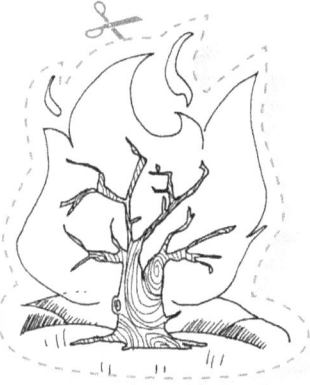

Modèl ki fini deja

Tigason ak tifi ki gen laj 8-9 lane yo dwe:

1. Resevwa yon kopi desen an epi ak imaj ki parèt nan fèy la.
2. Pentire desen an avèk imaj yo.
3. Koupe desen an ak imaj yo.
4. Kole imaj Moyiz la, ti touf bwa a avèk mouton ki nan desen an.

Nòt: Ou kapab ranfòse desen an avèk yon timoso katon, epi ou kapab kole yo dèyè chak moso katon piti a pou l kapab parèt klè.

Ti moso katon

MOYIZ

"Epi li te reponn: Ale, m'ap kanpe la avèk ou. Lè fini pou fè konnen se mwen menm ki voye ou, men sa w'a fè : lè w va fin fè pèp la soti kite peyi Lejip, n'a sèvi m sou mòn sa a."

Egzòd 3 :12

Kole la a

Yon jou li t'ap pran swen mouton li yo, li te wè yon touf bwa ki t'ap boule. Pandan li t'ap pwoche Bondye te rele l, Moyiz! Kote ou kanpe a se yon lye ki sen.

Bondye te voye Moyiz al sove pèp Izrayèl la epi menm si nan koumansman li pa t vle paske li te pè, apre sa li te aksepte leve defi a epi li te obeyi.

Moyiz t'ap gade mouton nan savann bòpè li. Li te yon nonm ki te renmen Bondye avèk peyi li.

Kole la a

Modèl ki fini deja

Tigason ak tifi ki gen laj 10-11 lane yo dwe:

1. Resevwa yon kopi desena n.
2. Pentire desena n dapre kreyativite li.
3. Koupe li sou liy ki pwentiye yo epi doublé kote yon endike l la.
4. Kole mitan yo kote ki di "Kole la a" (wè modèl ki fini deja a).

DANYÈL

Danyèl 6

Objektif: Moutre Danyèl kòm yon nonm ki te konnen kijan pou l te mete Bondye nan premye plas, menm si li te riske pèdi lavi li.

Tèks : Danyèl 6 :22a (Pou timoun piti yo) epi tout vèsè yo pou pi gran timoun yo.

Leson : Pwofesè a dwe li leson an epi rakonte li avèk pwòp pawòl li yo byen brèf (senk minit pou sa k pi piti yo) epi elaji li dapre laj elèv yo genyen (pa plis pase 10 minit). Divize leson an an entwodiksyon, devlopman ak aplikasyon, limenm ki enpòtan anpil paske l'ap bezwen pote pasaj la nan tan ak sikonstans prezan yo. Obsève egzanp sa:

Entwodiksyon: Danyèl te yon jèn ke depi tou piti li te deside rete fidèl avèk Bondye. Ann li sa Bib la di nan Danyèl 1 :8a. Li di ke Danyèl te deside konsève tèt li pou Bondye epi pa fè sa lòt yo te fè si sa pa t fè Bondye plezi. Men desizyon sa a pa t fasil pou li menm jan li pa fasil pou nou.

Devlopman: Danyèl, kòm li te fidèl avèk Bondye, yon jou li te rive genyen yon travay ki enpòtan anpil. Li te tankou yon èd pou prezidan pèp kote li t'ap viv la. Men gen moun ki pa t renmen Danyèl epi vle pou l te disparèt, men kòm wa a (te menm jan ak yon prezidan nan epòk sa a), li te renmen li anpil, pèsonn pa t pèmèt yo pou yo te fè li yon bagay ki mal.

Yon jou move moun sa a yo te vote yon lwa kote ke pèsonn moun pa t dwe priye Jewova men se pito fo dye pa yo a. Se wa a menm ki te siyen lwa sa a. Men Danyèl, ki te renmen Bondye avèk tout kè li, li pa t bay sa valè. Konsa, moun mechan sa a yo te mennen li devan wa a pou akize lie pi ba l pinisyon li. Epi, èske nou konnen kisa pinisyon an te ye? Jete li nan yon gwo twou ki te gen yon bann lyon byen grangou. Lè y'ap lage li nan twou a Wa a te di Danyèl konsa: Danyèl, se pou Bondye w la delivre ou! (Danyèl 6 :16).

Lè nwit la te fin pase epi byen bonè anvan bajou kase wa a te leve al wè Danyè epi, èske nou konnen sa ki te pase? Fè youn nan timoun yo li Danyèl 6 :20-22. Eske nou konnen kimoun ki te jwenn pi gwo pinisyon an? Dapre Danyèl 6 :24, se moun sa a yo ki te akize Danyèl yo.

Aplikasyon : Bib la mande nou pou obeyi paran nou yo. Kisa ki pase lè nou pa fè li? Kèk fwa zanmi nou yo oswa yon vwa andedan nou di nou konsa "pou kisa w'ap okipe manman ou oswa papa w". Yo pap rann yo kont de sa w fè monchè". Konsa nou chanje konpòtman nou pou n fè lòt moun plezi. Epi, ki konsekans k'ap vini lè nou chanje konviksyon nou yo pou lòt moun ? Ki konsekans k'ap genyen si nou obeyi paran nou yo avèk Bondye ? Ki konsekans k'ap vini lè nou fè sa ki fè zanmi oswa kamarad nou yo plezi?

Sigjesyon: Si timoun ki nan laj 8 lane oubye pi plis yo byen konnen istwa a, olye w rakonte yo li, fè yon gwoup epi mete senk mini tapa pou yo prepare yo pou yo reprezante li pandan w'ap esplike rès timoun yo sou kisa li baze. Apre senk minit yo fin pase sa k te prepare yo kapab reprezante li nan klas la.

Avèk timoun ki pi piti yo ou kapab itilize èd vizyèl yo ki nan paj sa a.

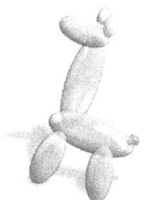

Modèl ki fini deja

4-5 lane

2 pyès/abandone (andedan je a)

1 pyès/nen

4 pyès/moustach

2 pyès/je

2 pyès/zòrèy andedan

2 pyès/zòrèy deyò

1 pyès/pwent ke

1 1 pyès/pye dwat

1pyès/ke

1 pyès/ pye goch

"Bondye m nan te voye zanj li,
ki te vin fèmen bouch lyon yo..."
Egzòd 3:12

Tigason ak tifi ki gen laj 4-5 lane:

1. Resevwa kèk pati nan lyon an ki déjà koupe nan papye brisòl oswa papye konstriksyon. Asire ke w koupe pati ki modèl la sifi. Chak elèv dwe resevwa 4 moustach (fil len oswa papye), 2 zòrèy ki bay sou deyò, 2 zòrèy ki bay sou andedan, 2 je, 2 abandone (andedan je a), 1 nen, 1 ke, 1 pwent ke, 1 pat goch ak yon pat dwat, 2 plat anplastik (yon gwo pou tèt la ak yon lòt piti pou kò a).
2. Si imaj yo fèt an koulè, chak elèv dwe kole yo sou plat plak papye yo, dapre modèl ki fini déjà a. Si imaj ou gen koulè blan ou dwe pentire yo avan w kole yo.
3. Koupe vèsè biblik yo epi kole l nan lestomak lyon an dapre modèl ki fini déjà a.

Nòt: pou koupe chak pati yo, itilize mòd ki anlè a. Asire w nan koupe nimewo pyès ki endike yo.

plak papye

"Bondye m nan te voye zanj li, ki te vin fè- men bouch lyon yo..."

Danyèl 6 :22a

Modèl ki fini deja

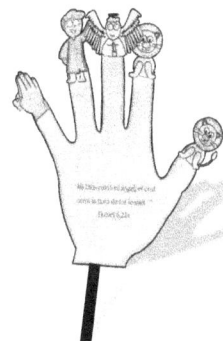

Tigason ak tifi ki gen laj 6-7 lane yo dwe:

1. Resevwa yon kopi desen men an avèk 5 imaj yo.

2. Pentire imaj men an, koupe ak kole li sou papye brisòl oswa katon.

3. Pentire epi koupe 5 imaj yo.

4. Kole imaj piti yo nan dwèt men yo nan lòd sa a: 1) men priye, 2) Danyèl, 3) zanj, 4 ak 5) lyon yo youn nan chak dwèt.

5. Desen men an dwe kole nan yon tibwa byen fen pou timoun yo kapab vire l toupatou.

8-9 lane

Modèl ki fini deja

"Bondye te voye zanj li, limenm ki te fèmen bouch lyon yo, paske mwen te inosan devan je li, menm devan w mon wa, mwen pa fè anyen ki mal".

Danyèl 6 :22

Rezèrvwar oswa nouy

1.

2.

3. Goma

4. Penti

"Bondye te voye zanj li, limenm ki te fèmen bouch lyon yo, paske mwen te inosan devan je li, menm devan w mon wa, mwen pa fè anyen ki mal".

Danyèl 6 :22

10-11 lane

1. 2. 3. Goma

jw t memwa
entriksyon jw t la:

1. Vire tout kat fas anba epi brase yo san yo pa vire.
2. Chak jwè dwe gen tan pa yo pou vire yon kat epi wè li pandan de segond pou memorize imaj ki ladann nan; lid we mete li nan plas li ankò, fas anba.
3. Jwè ki vire yon kat epi sonje ki kote lòt ki menm jan avèk li a ye, oswa ki gen menm figi a, li dwe vire lie pi fè yon pa avèk sal chwazi a. Pè sa a dwe separe de lòt kat yo. Osinon, li dwe brase kat yo ankò epi bay yon lòt jwè opòtinite.
4. Jwè ki genyen plis pè kat avèk menm imaj, se limenm ki genyen.

jw t memwa

Tigason ak tifi ki gen laj 10-11 lane yo dwe:

1. Resevwa yon kopi fèy la.
2. Pentire desen yo.
3. Koupe nan tout liy pwentiye yo.
4. Double kat yo kote liy ki kontinye a endike l' epi kole yo.
5. Si w vle ou kapab kole yon moso katon oswa papye brisòl nan mitan pou ranfòse kat yo epi vlope yo ak adezif laj (tep) ki klè.

double

double

GÈRYE BIBLIK YO

Danyèl 6:22

JONAS

Liv Jonas La

Objektif: Prezante Jonas kòm yon nonm ki te konn rekonèt erè li, mande padon epi kontinte pou pi devan pou wè travay Bondye a.

Tèks: Jonas 2:2a

Leson : Pwofesè a dwe li leson an epi rakonte li avèk pwòp pawòl li yo byen brèf (senk minit pou sa k pi piti yo) epi elaji li dapre laj elèv yo genyen (pa plis pase 10 minit). Divize leson an an entwodiksyon, devlopman ak aplikasyon, limenm ki enpòtan anpil paske l'ap bezwen pote pasaj la nan tan ak sikonstans prezan yo. Obsève egzanp sa:

Entwodiksyon: Jonas se te yon pwofèt. Èske nou konnen kisa yon pwofèt konn fè ? Wi, kòrèk. Yon pwofèt se te yon moun ki t'ap transmèt volonte Bondye bay pèp la.

Devlopman : Istwa n'ap wè Jodi a rakonte nou ken an epòk Jonas te gen yon pèp mechan ki te egziste ki te rann tout lòt pèp yo ap soufri. Nasyon sa a te rele Niniv. Nasyon sa a te konn pran lòt pèp epi fè yo pase mizè, bate pi boule yo. Yo tout te vle pou Niniv te detwi nan peryòd sa a. Pen sa te rive yon jou Bondye te di Jonas li te vle pou l ale anonse yo ke si yo pa chanje ak repanti, Bondye ap detwi yo. Jonas pa t renmen ide a paske li te renmen pou Niniv detwi tou. Konsa li te moute nan yon bato ki ta prale yon kote diferan de lye kote Bondye te voye li a.

Men, Bondye ki wè tout bagay, li te fè ke lè Jonas te koumanse vwayaj li a, yon gwo van tanpèt te leve menm prèske kraze bato a. Se lè sa a Jonas te di kapitèn nan k esa te pase akoz de limenm, yo te dwe lage li nan lanmè. Epi moun yo te yon tijan pè fè sa. Lè l te nan lamè a. Lè gwo pwason an te fin vale li nan lanmè a, epi pandan li anndan pwason an, avèk anpil tristès, Jonas te koumanse ap pale avèk Bondye epi li te repanti. Bondye te tande vwa lie pi li di: "Se byen, si w repanti, ou dwe fè sa ki bon, ale Niniv''.

Nou konnen ? Lè yon moun repanti de yon bagay mal li te fè, li dwe demoutre li repanti nan fè sa ki bon. Apre sa, Bondye te voye pwason an al vomi Jonas atè, poum! Jonas te soti prêt pou l te obeyi Bondye, li t'ale epi preche nan tout vil Niniv la, epi yo tout te repanti de peche yo. Bondye te wè anreyalite yo te detounen yo de move chemen yo, ebyen se konsa li te detounen mal li te gen pou l te fè yo a, epi li pa fè li ankò. Ala bon sa bon lè yon moun repanti byen vit! Se pa vre?

Aplikasyon : Kijan nou kapab konpare istwa sa avèk tan jodi a ? Kijan nou kapab dezobeyi Bondye? Kisa k'ap pase nan lavi nou lè nou fè li? Èske nou gen lòt chans? Kisa Jonas te fè lè l te ran li kont de erè li? Èske nou kapab fè menm bagay la tou? Kisa vèsè nou gen pou Jodi a anseye nou?

Sigjesyon: Si timoun ki gen 8 lane avèk plis yo konnen istwa byen, olye w rakonte li, ou kapab nonmen yon timoun pou l koumanse rakonte li. Apre sa ou dwe sispann li pou lòt timoun kontinye li jiskaske istwa a fini.

Ou kapab itilize èd vizyèl yo ki nan paj sa a pou timoun ki pi piti yo.

"Nan soufrans mwen, mwen rele Jewova, epi li te tande mwen . ."
Jonas 2:2a

Modèl ki fini deja

1.

2.

3. pèl oswa ti moso papye

4.

Pou tigason ak tifi ki gen laj 4-5 lane yo dwe:

Kole pwason an avèk vèsè biblik la nan yon papye brisòl. Apre sa timoun yo dwe koupe timoso papye avèk dwèt yo epi fè timoulèt. Finalman y'ap mete tiboulèt yo anndan pwason an pou yo plen li.

Nòt: Kòm timoun yo piti anpil, pwofesè yo kapab pote imaj pwason an tou koupe avèk vèsè biblik la depi davans.

1 double

2 double

3 double

4 Mete ansanm

5 double

6

7 rasanble

8 detire

9

"Nan soufrans mwen, mwen rele Jewova, epi li te tande mwen ..."
Jonas 2:2a

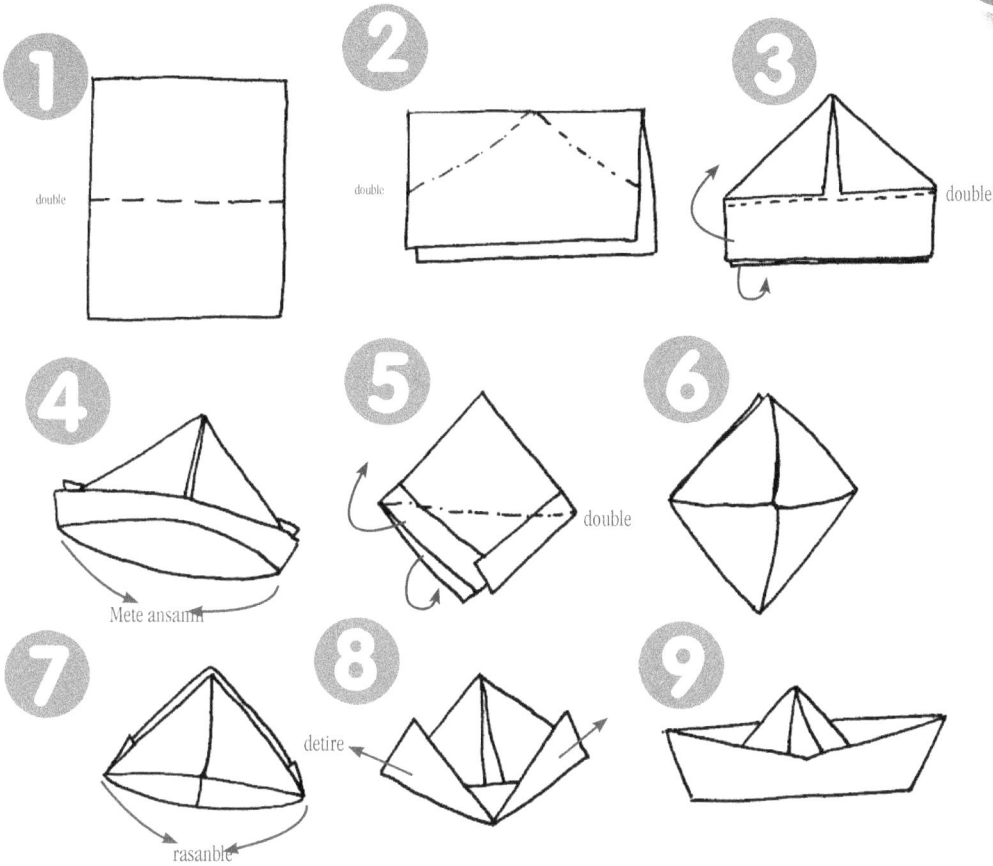

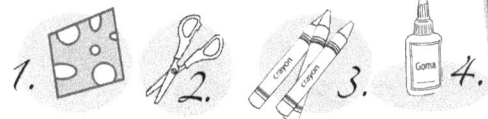

Modèl ki fini deja

"Nan soufrans mwen, mwen rele Jewova, epi li te tande mwen ..."
Jonas 2:2a

1. 2. 3. 4. Goma

Timoun ki gen laj 6-7 lane yo dwe:

1. Resevwa yon fèy ankoulè ki gen gwosè yon kat (8.5 x 11). Epi vèsè biblik la.
2. Avèk fèy ankoulè a ki gen gwosè kat la kontinye avèk endikasyon imaj la oswa direksyon pwofesè a pou fè bato a.
3. Kole vèsè biblik la nan bato a epi dekore li dapre kreyativite li.

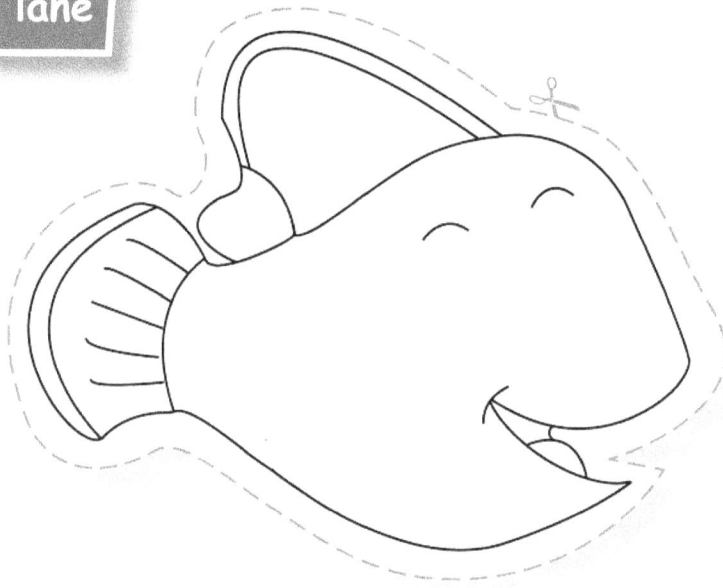

1.

2. Goma

3.

4.

"Konsa Jonas te priye Bondye pandan li te nan van pwason an, epi li di : Nan soufrans mwen, mwen rele Jewova, epi li te tande mwen."

Jonas 2:1-2a

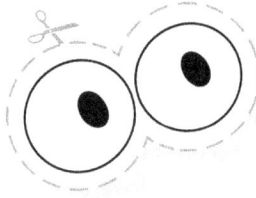

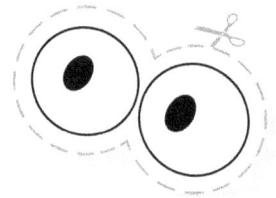

Modèl ki fini deja

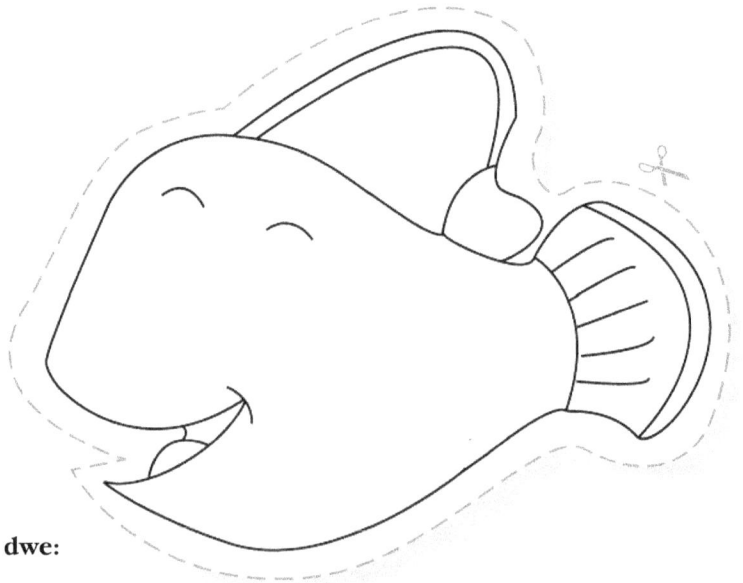

Tigason ak tifi ki gen laj 8-9 lane yo dwe:

1. Resevwa yon kopi desen an.
2. Koupe ti pwason yo epi mete yo sou yon papye brisòl pou yo ka rete pi solid.
3. Koupe papye brisòl la sou liy lan.
4. Mete ti pwason yo kòtakòt menm jan model ki fini déjà a moutre l la epi nan mitan yo mete yon ti kochèt oswa yon zepeng rad, pou li kapab rete tankou yon papye jounal.
5. Kole vèsè biblik la yon bò.

Nòt: Si ou deside epi kapab jwenn leman, lòt opsyon ou kapab kole leman nan youn nan kòt tipwason an.

"Konsa Jonas te priye Bondye pandan li te nan van pwason an, epi li di: Nan soufrans mwen, mwen rele Jewova, epi li te tande mwen."

Jonas 2:1-2a

1.

2. Goma

3.

4.

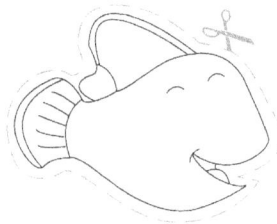

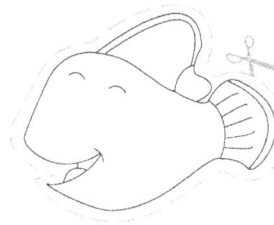

Tigason ak tifi ki gen laj 10-11 lane yo dwe:

1. Resevwa yon kopi desen yo avèk tèks biblik la.

2. Pentire epi koupe desen yo avèk tèks biblik la.

3. Kole de pwason yo kòtakòt epi kole yon fil nan mitan yo de a, yon fason pou yo rete pandye.

4. Resevwa yon po transparan avèk bouchon, plizyè timoso papye koulè epi fèy oswa flè jaden.

5. Pentire po a tankou se ta yon vèso.

6. Kole vèsè biblik la kèk kote moun ka wè byen nan po a.

7. Avan w bouche po a kole moso fil la avèk pwason an, yon fason pou l rete pandye menm jan modèl ki fini déjà a.

JEZI

Filipyen 2:5-11

Objektif: Moutre Jezi kòm pi gwo gèrye. Bondye te tounen moun, li te viv san peche epi li te bay tèt li pou nou tout pou sove nou. Pa mwayen leson sa nou pral anseye timoun nan plan Sali a.

Tèks: Filipyen 2 :11a (pou pi piti yo) ak 2 :10-11 (pi gran yo)

Leson : Pwofesè a dwe li leson an epi rakonte li avèk pwòp pawòl li yo byen brèf (senk minit pou sa k pi piti yo) epi elaji li dapre laj elèv yo genyen (pa plis pase 10 minit). Divize leson an an entwodiksyon, devlopman ak aplikasyon, limenm ki enpòtan anpil paske l'ap bezwen pote pasaj la nan tan ak sikonstans prezan yo. Obsève egzanp sa:

Entwodiksyon: Èske nou konnen, timoun yo? Bib la di nou ke tout moun sa yo nou te pale de yo pandan tout jou yo, se te gèrye ki te rive fè travay yo byen, paske yo te deside obeyi Bondye. Konsa Bondye te ede yo nan tout bagay epi yo te fè anpil pwogrè nan sa yo t'ap fè a. Men jodi a ann pale de pi gwo gèrye ke Bib la di nou ke nou tout te mechan epi nou pa t' merite anyen ki soti nan Bondye plis pase pinisyon an. Men ann wè sa ki te pase (Pran liv la san mo yo. Liv sa a oumenm ou kapab fè li gwo epi gade modèl ki nan paj 52).

Èske yo renmen istwa yo? Èske yo ta renmen w rakonte yo youn? Èske yo renmen liv i gen desen? Liv istwa mwen an pa genyen ni yon sèl desen. Pètèt yo renmen liv istwa yo ke yo kapab li. Èske se konsa sa ye? Bon, liv istwa mwen an pa genyen menm yon sèl mo, se poutèt sa li rele "Liv san Mo" li p genyen menm yon Mo, men paj ankoulè li yo rakonte nou yon istwa byen espesyal. Èske nou ta renmen tande li?

Devlopman: Istwa a koumanse avèk yon paj koulè...

__Paj ble:__ Paj galaksi sa reprezante syèl la, èske nou konnen ke Bondye tèlman renmen nou li vle pou nou tout antre nan syèl la pou nou kapab alèz pou tout tan? Nan Revelasyon 21:21 di nou ke lari yo ap fèt anlò epi la a pap gen kriye, tristès, doulè, maladi ni anyen ke nou pap renmen. Se sèlman Bondye ki te kapa kreye yon plas tèlman bèl pou nou kapab rete avèk li, san anyen ki pou fè nou tris, kòm bagay ki kapab fè nou tris kounye a. Ki bagay ki fè nou tris? Bon, anyen nan bagay sa a yo pap nan syèl la.

__Paj avèk tach:__ Men kisa k'ap pase si nou kite $100yon kote ki piblik epi nou fè yon ti rale kò nou? Yon moun pran l pa vre? Epi, vòlò se peche menm jan ak lòt bagay ke nou fè, tankou kisa? Se pou timoun yo di. Bon, Bib la di nan Revelasyon 21:27 ke anyen mal pap antre nan syèl la, absoliman anyen.

Bondye pap kite anyen mal fè syèl la mal. Konsa, si nou gen bagay ki mal nan kè nou, sa ap pèmèt nou pa kapab antre nan syèl la. Paj blan avèk tach sa reprezante kè nou ki moutre depi nou fè yon bagay ki mal li pa kapab rete blan totalman ankò epi se pou sa li pap kite nou antre nan syèl la.
Konbyen nan nou ki fè bagay ki mal jan nou sot di a? Nan Women 3 :23 Bib la di nou ke nou tout fè baga ki mal se pou sa nou pap kapab antre nan syèl la. Men koute!

44

Paj wouj: *Paj wouj sa reprezante Jezikris, li men ki te vini kòm avoka pou defann nou pou nou kapab ale nan syèl la. Wi! Lè Jezi te vini mouri sou kwa a li te fè yon gwo sakrifis epi se pa sèlman sa paske apre sa li te leve soti vivan nan tonbo a epi ale avèk Bondye yon lòt fwa ankò. Bondye te tèlman kontan akoz de Jezi, sa fè nenpòt moun ki mande li padon Jezi gen aksè pou antre nan syèl la. Li pa t' bezwen mouri, paske li te Bondye epi li pa t' gen anyen mal nan lavi li men li te vle fè sa pou nou. Paske li te vle pou jou nou kapab ansanm avèk Li, Jan 3 :16.*

Paj blanch: *Kisa sa vle di mande padon? Sa vle di mwen santi m tris pou sa mwen te fè a epi mwen pap fè l'ankò. Bon, paj blanch sa vle di si nou mande Jezi padon, l'ap fè kè nou pa gen tach la ankò epi pwòp totalman, 1 Jan 1 :9.*

Kounye a menm nou kapab bese tèt nou pou nou mande Bondye padon, kite kè nou pwòp epi depi kounye a pou jouk sa kaba, nou pap tounen mete tach sou li ankò. Apre nou fin di l sa, se pou nou di li mèsi pou opòtinite sa a nou jwenn pou nou ranje lavi nou devan Li.

Paj vèt: *Liv sa espesyal paske menm po li yo genyen siyifikasyon. Kisa koulè vèt la raple nou? Pye bwa yo avèk plant yo. Bon, yon pye bwa oswa yon plant vèt vle di ke yo byen epi ap grandi. Paj sa a endike nou ke noumenm tou nou dwe kontinye grandi.*

Kijan nou pral fè sa ? Lè nou li Bib nou, priye ak asiste sèvis nan legliz la. Konsa n'ap konnen kisa Bondye vle pou nou epi nou pral fè zanmi kretyen nouvo. Vèt la vle di esperans tou. Esperans kisa ? Esperans ke yon jou nou va wè Bondye, pou nou avèk li pou toujou.

Aplikasyon:Ann li Filipyen 2 :5-11, Ala bon sa bon lè nou konnen malgre Jezi te byen alèz, li te deside vini soufri epi mouri pou nou kapab rive jwenn Bondye!

Leson sa enpòtan anpil paske Jezi se gwo Gèrye nan Bib la. Li te kite yon egzanp pou nou avèk yon gwo esperans sou kouman nou dwe vive pi anplis li te remèt lavi li pou nou paske pa mwayen limenm nou kapab rive kot Bondye.

Sigjesyon: *Si youn nan timoun yo konnen liv sa, pèmèt yo esplike kamarad yo epi di yo ke nan tan atizanal yo y'ap fabrike pwòp Liv san Mo yo pou pataje li avèk zanmi ak fanmi yo.*

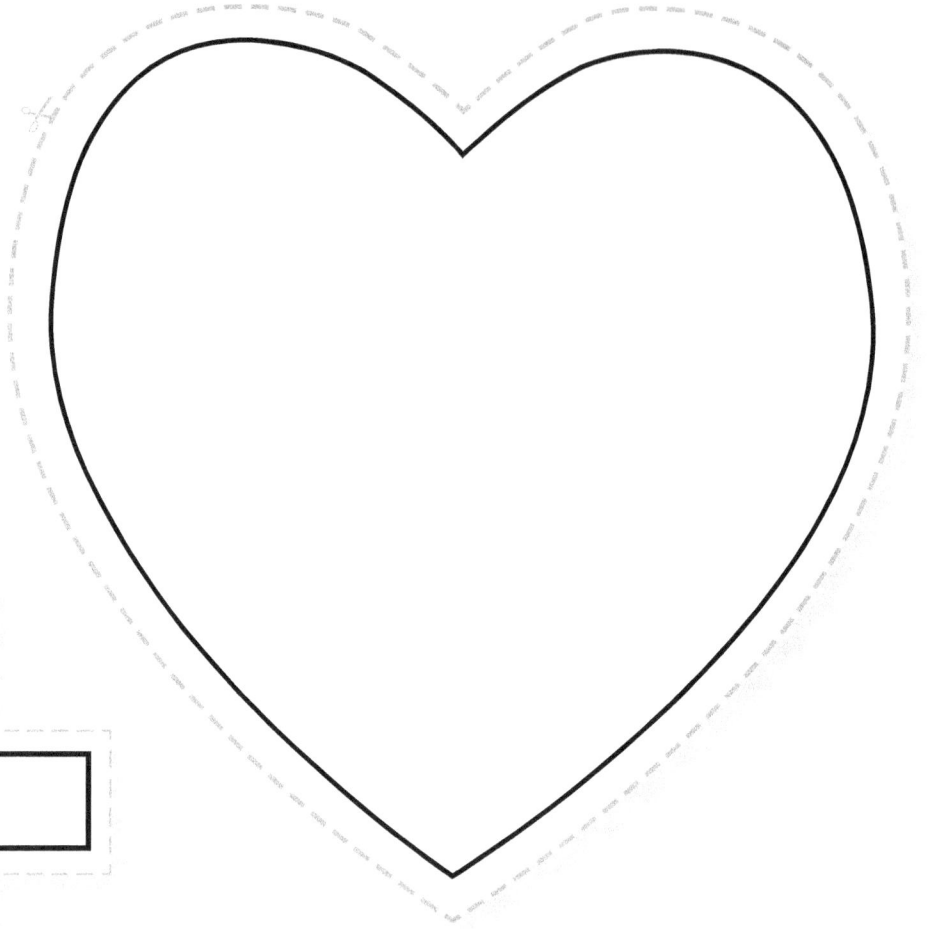

"Epi tout lang ap konfese ke Jezikris se Bondye . . ."

Filipyen 2:11a

Boulèt papye

Modèl ki fini deja

"Epi tout lang a konfese ke Jezikris se Bondye..."
Filipyen 2:11a

Tigason ak tifi ki gen laj 4-5 lane yo dwe:

1. Resevwa yon kè rekoupe nan yon papye brisòl ki gen koulè wouj avèk vèsè biblik la.

2. Resevwa yon kwa rekoupe ki gen koulè Blanch pou bay koulè.

3. Kole kè a nan yon papye brisòl oswa katon.

4. Fè 6 boulèt papye.

5. Kole boulèt papye yo nan pati dèyè kwa a.

6. Kole kwa a sou kè a yon fason pou l rete anlè.

7. Kole kè a, anba kwa a, vèsè biblik la (Gade modèl ki déjà fini an).

Tigason avèk tifi ki gen laj 6-7 lane yo dwe:

1. Resevwa senk makawoni ki sou fòm demi sèk.

2. Pentire yon makawoni avèk koulè ble, lòt avèk koulè Blanch avèk tach ladan l', lòt avèk koulè wouj, lòt avèk koulè Blanch epi dènye a avèk koulè vèt (Penti sa kapab se ak dlo, lwil oswa ou kapab fè yon melanj dlo avèk anilin epi konsa genyen penti a).

3. Rete tan makawoni yo sèche pi apre sa mete makawoni yo nan lòd sa a: Ble, Blanch avèk tach yo, wouj, Blanch avèk vèt, nan kòd la.

4. Fè yon ti mare li pou l fè yon ne nan chak pwent kòdon an epi li prè.

Blanch avèk tach

Wouj

Ble

Blan

Vèt

Papye nan koulè diferan

1.

2.

Lakòl

3.

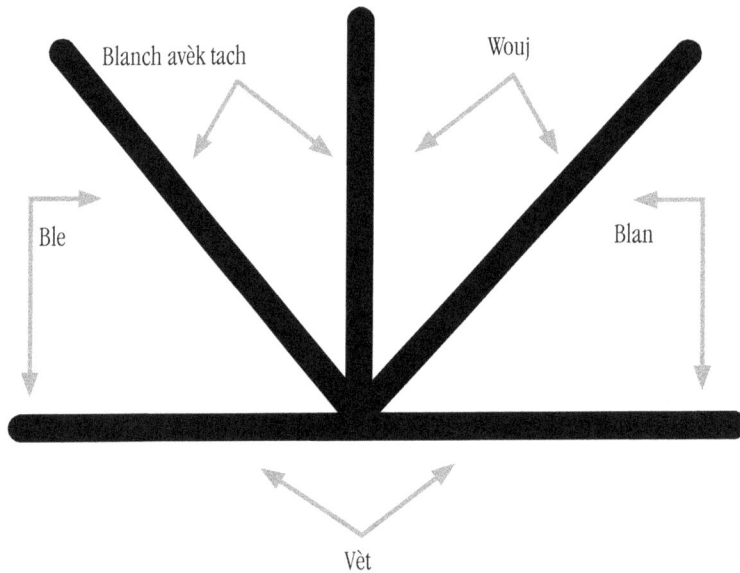

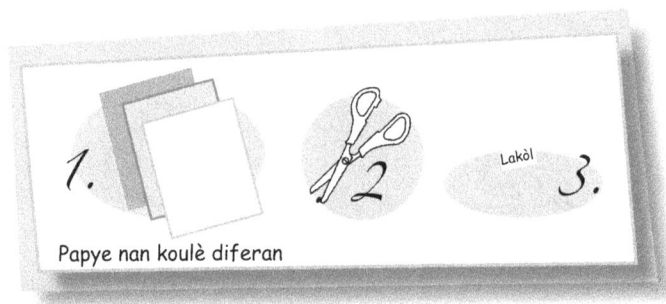

Tigason avèk tifi ki gen laj 8-9 lane yo dwe:

1. Koupe papye senp oswa papye brisòl ki gen 6 x 4 santimèt ki gen koulè sa a yo: Vèt, ble, blanch (ak takte), Wouj e blanch.
2. Double fèy yo nan mitan epi kole kòm echantiyon desen an nan mitan. Vèt la dwe sèvi bouchon an, apre sa kole fèy ble a, mete fèy blanch ak tach yo anlè, apre sa de paj wouj yo epi finalman de paj Blanch yo.

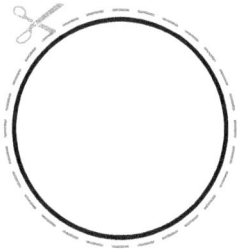

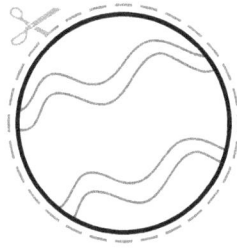

Modèl ki fini deja

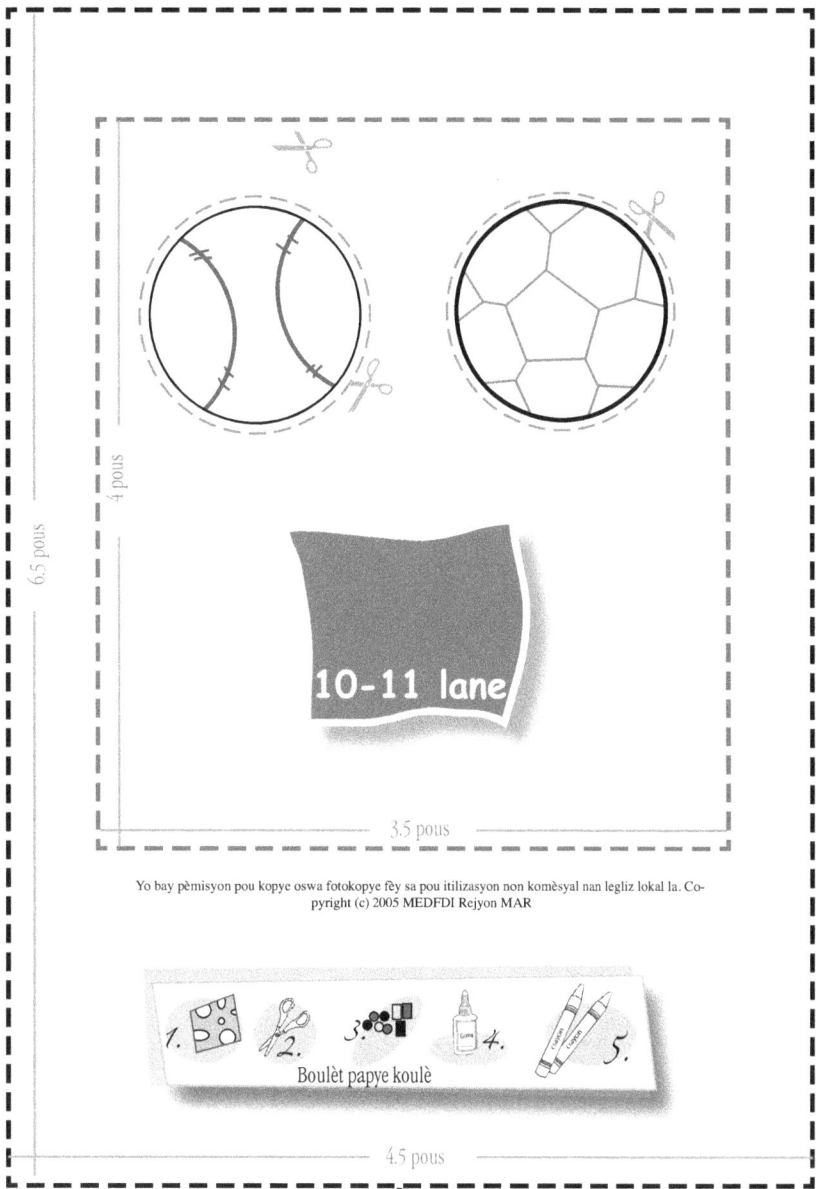

4 pous

6.5 pous

10-11 lane

3.5 pous

1. 2. 3. 4. 5.

Boulèt papye koulè

4.5 pous

gason avèk tifi ki gen laj 10-11 lane yo dwe:

Resevwa yon kopi nan sesena n, vèsè biblik la epi nan senk balon yo.

Koupe de katon ki gen 6 x / pous, epi nan youn koupe yon ankadreman ki genyen 4 x 6.25 pous jan desen an moutre l la.

Bay balon yo koulè, youn avèk koulè ble, lòt avèk koulè blanch avèk ti tach yo, lòt avèk koulè wouj, lòt avèk koulè blanche pi dènye a avèk koulè vèt (Penti sa a kapab avèk dlo, lwil oswa ou kapab melanje anpe dlo avèk alilin epi se konsa w'ap gen penti oubyen kole ti boulèt papye koulè).

Rete tann pou boul yo sèche pi apre sa kole yo nan lòd (ble, blanch avèk tach, wouj, blanch e vèt) nan pati anba poteretrèt yo dapre modèl ki deja fini an.

Kole desen timoun nan nan pati anlè poteretrèt la, dapre modèl ki deja fini an. Mete yon foto ke w renmen.

Kole yon katon ki sou fòm rektang dèyè do li pou sipòte li.

òt: Pwofesè a dwe mande w yon foto yon joua van.

Anéks

GÈRVE BIBLIK YO

N'ap envite w vin jwi yon moman espesyal ansan avek nou,
kote n'ap genyen:

Atizana   Kolasyon   Istwa
                       Biblik
♪ Mizik ♪
                  Jwèt

Ki dat? _____

De _____

Ki kote? _____

Akile? _____

Kimoun ki kapab asiste? _____

N'ap Tann Ou!

Lekòl Biblik Vakans
GÈRVE BIBLIK YO

N'ap envite w vin jwi yon moman espesyal ansan avek nou,
kote n'ap genyen:

Atizana   Kolasyon   Istwa
                       Biblik
♪ Mizik ♪
                  Jwèt

Ki dat? _____

De _____

Ki kote? _____

Akile? _____

Kimoun ki kapab asiste? _____

N'ap Tann Ou!

Lekòl Biblik Vakans
GÈRVE BIBLIK YO

N'ap envite w vin jwi yon moman espesyal ansan avek nou,
kote n'ap genyen:

Atizana   Kolasyon   Istwa
                       Biblik
♪ Mizik ♪
                  Jwèt

Ki dat? _____

De _____

Ki kote? _____

Akile? _____

Kimoun ki kapab asiste? _____

N'ap Tann Ou!

Lekòl Biblik Vakans
GÈRVE BIBLIK YO

N'ap envite w vin jwi yon moman espesyal ansan avek nou,
kote n'ap genyen:

Atizana   Kolasyon   Istwa
                       Biblik
♪ Mizik ♪
                  Jwèt

Ki dat? _____

De _____

Ki kote? _____

Akile? _____

Kimoun ki kapab asiste? _____

N'ap Tann Ou!

Envitasyon Familial
pou fèmit LBV

GÉRYE BIBLIK YO

Nou envite ou nan yon Gwo Rankont selebrasyon. Yon rankont espesyal kote nou pral mete fen avèk Lekòl Biblik Vakans semèn sa a.

N'ap gen patisipasyon timoun yo, remisyon travay ki fèt yo avèk yon tan espesyal.

N'ap tan ou le ____/____/____ a _____

nan_____

Mesi pou asistans ak sipo anve timoun yo!

GÉRYE BIBLIK YO

Nou envite ou nan yon Gwo Rankont selebrasyon. Yon rankont espesyal kote nou pral mete fen avèk Lekòl Biblik Vakans semèn sa a.

N'ap gen patisipasyon timoun yo, remisyon travay ki fèt yo avèk yon tan espesyal.

N'ap tan ou le ____/____/____ a _____

nan_____

Mesi pou asistans ak sipo anve timoun yo!

Lekòl Biblik Vakans

GERYE BIBLIK YO

Remèt sètifika sa bay

_____
Non

Avèk konpliman epi rekonesans pou bon kolborasyon li
avèk gwo travay li nan pwogram Lekòl Biblik Vakans Ian.

_____   _____
Pastè   Direktè

_____   _____
Zòn   Dat

Lekòl Biblik Vakans

GERVE BIBLIK YO

Legliz

_____

Remèt sètifika sabay:

_____

Pou fidelite li nan asistans li pou tout jou yo:

_____

_____
Senyati Pastè a

_____
Senyati Direktè

"Paske, Bondye sitèlman renmen lèzòm, li bay
sèl Pitit li a pou yo. Tout moun ki va mete
konfyans yo nan li p'ap pèdi lavi yo. Okontrè
y'ap gen lavi ki p'ap janm fini an"
Jan 3:16

Lekòl Biblik Vakans

GERYE BIBLIK YO

Le Aktivite Yo

Orè	Sal pou Istwa biblik	Sal pou Atizana	Sal pou kou Mizik	Plas pou jwèt yo avèk kolasyon
Maten: 8:00-8:25 Apremidi: 2:00-2:25	Entwodiksyon - Tout Moun Patisipe			
Maten: 8:30-9:10 Apremidi: 2:30-3:10	Ble	Vèt	Jòn	Wouj
Maten: 9:15-9:55 Apremidi: 3:15-3:55	Wouj	Jòn	Vèt	Ble
Maten: 10:00-10:40 Apremidi: 4:00-4:40	Jòn	Wouj	Ble	Vèt
Maten: 10:45-11:30 Apremidi: 4:45-5:30	Vèt	Ble	Wouj	Jòn
Maten: 11:35-12:00 Apremidi: 5:35-6:00	Fèmti - Tout Moun Patisipe			

Wouj 4-5 Lane	Ble 6-7 Lane	Vèt 8-9 Lane	Jòn 10-11 Lane

Avèk orè sa a, pral gen yon klas pou chak antivite epi timoun yo ap ge pou chanje sal klas dapre ansèyman y'ap genyen an.

Nan pati anlè se orè maten an ki fèt epi anba a pou apremidi.

Pwofesè yo pral rete nan klas yo pou tan klas sa a. Sal klas yo dwe gen yon pankat avèk non ki koresponn nan epi li dwe koke nan pòt la avèk yon ti gafèt nan koulè ki koresponn ak laj timoun yo ki pral antre pou yo kapab identifye ak konnen kote pou yo antre.

Sal pou kou Mizik

56

Lekòl Biblik Vakans

GERYE BIBLIK YO

Orè Pou Chak Klas

Orè	Wouj	Ble	Vèt	Jòn
Maten: 8:00-8:25 Apremidi: 2:00-2:25	Entwodiksyon - Tout Moun Patisipe			
Maten: 8:30-9:10 Apremidi: 2:30-3:10	Istwa Biblik	Istwa Biblik	Istwa Biblik	Istwa Biblik
Maten: 9:15-9:55 Apremidi: 3:15-3:55	Atizana Yo	Atizana Yo	Atizana Yo	Atizana Yo
Maten: 10:00-10:40 Apremidi: 4:00-4:40	Kolasyon	Kolasyon	Kolasyon	Kolasyon
Maten: 10:45-11:30 Apremidi: 4:45-5:30	Mizik	Mizik	Mizik	Mizik
Maten: 11:35-12:00 Apremidi: 5:35-6:00	Fèmti - Tout Moun Patisipe			
Wouj **4-5 Lane**	**Ble** **6-7 Lane**	**Vèt** **8-9 Lane**	**Jòn** **10-11 Lane**	

Nan orè sa chak pral gen chanm pa yo kote timoun yo pral fè aktivite yo avèk pwofes yo oswa madmwazèl yo epi responsab yo. Y'ap sèlman soti pou kolasyon an avèk jwèt la. Sa ka rive yon pwofesè bay tout aktivite yo oswa pwofesè yo chanje sal klas.

57

Lekòl Biblik Vakans

GÈRYE BIBLIK YO

Rejis No.: _____

Lane:_____

Non:_____

Dat moun nan fèt la: _____ Laj: _____ Adrès: _____

_____

Legliz moun nan mache a se: _____ Telefòn: _____

Ou konn li?_____   Ou konn ekri?_____   Ou konn koulè?_____

Èske w gen kèk pwoblèm ? _____

Non papa : _____

Non manman : _____

Kantite frè ak sè: _____

Non:_____ Laj:_____

Non:_____ Laj:_____

Non:_____ Laj:_____

Lekòl Biblik Vakans

GÈRYE BIBLIK YO

Rejis No.: _____

Lane:_____

Non:_____

Dat moun nan fèt la: _____ Laj: _____ Adrès: _____

_____

Legliz moun nan mache a se: _____ Telefòn: _____

Ou konn li?_____   Ou konn ekri?_____   Ou konn koulè?_____

Èske w gen kèk pwoblèm ? _____

Non papa : _____

Non manman : _____

Kantite frè ak sè: _____

Non:_____ Laj:_____

Non:_____ Laj:_____

Non:_____ Laj:_____

Rapò Final Pwofesè A

Non konplèt : _____

Laj klas ou a: _____

Mete kantite elèv ki vini pou premyè fwa yo la a epi ekri si genyen ki aksepte Jezi oswa kèk obsèvasyon espesyal:

_____

_____
_____
_____
_____
_____
_____

Ekri apresyasyon ou pou nan aktivite a:

Pozitif   Negatif

_____   _____
_____   _____
_____   _____

No.	Non elev la	Asistans				
		Dat 1	Dat 2	Dat 3	Dat 4	Dat 5
1						
2						
3						
4						
5						
6						
7						
8						
9						
10						
11						
12						
13						
14						
15						

Gafèt Yo

Non:

Non:

Non:

Egzanp pwogram chak jou

Lekòl Biblik Vakans-Gèrye nan Bib la

Pwogram Lendi 1 Jiyè lane 2016

ENTWODIKSYON

Byenveni

Prezantasyon tèm LBV "Gèrye nan Bib la"

Adorasyon: Mwen pral chante, mwen pral rele, Seyè a Gran

Kè chan tèm nan: "Yon chemen"

Ofrann LBV

Prezantasyon pèsonèl LBV lan (avèk etikèt diferan de timoun yo)

Divizyon chak klas avèk pwofesè yo dapre laj yo:

Wouj soti nan 4-5 lane; Ble soti nan 6-7 lane

Vèt soti nan 8-9 lane ; Jòn soti nan 10-11 lane

FEMTI

Kè chan tèm nan "Yon chemen"

Repetisyon vèsè biblik la

Konkou pou aisitans (Tigason yo, tifi yo oswa pa klas)

Anons yo

Lapriyè final

Plan Sali A

Pou w dirije timoun yo pran desizyon pou aksepte Kris, li nesesè anpil pou w byen klè nan fason w'ap pale avèk li pou l' kapab konprann. Nou dwe itilize yon langaj ki nan nivo laj li. Pa egzanp, olye pou w pale li de peche, nou dwe di li kisa sa vle di (manti, fè koken, vòl, di betiz, elatriye.).

Nou dwe jwenn yon tan ki espesyal pou sa toue pi pa fè apèl pou konvèsyon nan chak klas. Se poutèt sa, nan dènye jou a mesaj la dwe evanjelistik. Si nou gen yon okazyon pèsonèl avèk tifi oswa tigason an kote nou kapab itilize li, nou pa dwe kite okazyon an pase. Kat pwen nou dwe sonje yo nan moman pou nou mennen yo bay Kri la yo se:

1. Mwen rekonèt mwen fè anpil bagay ki mal ki pa fè Bondye plezi.
2. Mwen santi mwen koupab pou sa epi mwen deside sispann fè yo.
3. Padone mwen Seyè epi aksepte mwen kòm pitit ou.
4. Mwen kwè ke w' padone mwen.

Pou ede w nan pwosesis pou dirije w nan modèl pou fè tiliv nan paj 67 la.

3 Padone mwen Seyè epi aksepte mwen kòm pitit ou.

2 Mwen santi mwen koupab pou sa epi mwen deside sispann fè yo.

4 Mwen kwè ke w' padone mwen!

1 Mwen rekonèt mwen fè anpil bagay ki mal ki pa fè Bondye plezi.

Enstriksyon yo:

1. Fotokopi fèy sa.
2. Rekoupe sou liy pwentiye a.
3. Double an kat jan sa ye nan model paj 62.

63

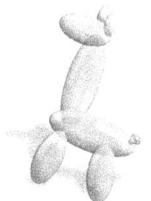

Ti Gason Ak Ti Fi

soti **4** pou rive **11** lane

Lekòl Biblik Vakans

GERYE BIBLIK YO

N'ap envite w vin jwi yon moman espesyal ansan avek nou, kote n'ap genyen:

Atizana

Kolasyon

Jwèt

♪ **Mizik** ♪

Istwa Biblik

Zòn: _____

_____

Dat:

___ / ___ / ___

Orè:

_____

N'ap Tann Ou!